오늘부터
나는
생태 시민
입니다

오늘부터 나는
생태 시민입니다

초판 1쇄 발행 2024년 3월 27일
초판 2쇄 발행 2024년 7월 2일

지은이 • 공윤희
펴낸이 • 김종곤
편집 • 임소형
펴낸곳 • (주)창비교육
등록 • 2014년 6월 20일 제2014-000183호
주소 • 04004 서울특별시 마포구 월드컵로12길 7
전화 • 1833-7247
팩스 • 영업 070-4838-4938 | 편집 02-6949-0953
홈페이지 • www.changbiedu.com
전자우편 • contents@changbi.com

ⓒ 공윤희 2024
ISBN 979-11-6570-247-2 03300

오늘부터 나는 생태 시민 입니다

공윤희 지음

창비

환경 보호는
내 권리를 지키는 일입니다

"환경을 보존할 것인가, 개발할 것인가?"환경 문제로 갈등이 일어날 때마다 나오는 질문입니다. 꽤 오랫동안 사람들은 이 질문에 '개발'이라고 답했습니다. 가난이 삶을 짓누를 적에는 먹고살기 위해, 빈곤을 벗어난 뒤에는 편리한 삶을 위해 자연을 파괴했습니다. 혹여 나중에 문제가 생기면 과학 기술이 해결해 줄 것이라는 막연한 희망을 품은 채 개발에 열중했습니다.

하지만 시간이 흘러 예상치 못한 미래가 찾아왔습니다. 환경 문제가 우리 삶에 그림자를 드리웠습니다. 소음으로 이웃과 마찰이 생기고 악취로 창문을 열지 못하며 과도한 조명으로 잠 못 드는 밤이 찾아왔습니다. 감당하기 힘든 양의 쓰레기와 방사성 물질이 바다와 토양에 쌓이고, 미세 먼지는 바람을 타고 날아가 다른 나라에까지 피해를 줍니다. 생태계가 서서히 무너지고 지구가 점점 뜨거워지면서 인간의 미래 역시 불투명해졌습니다.

사람들의 기대와 달리 과학 기술은 환경 문제를 막지 못했습니다. 우리가 놓친 점은 과학 기술을 사용하려면 시간과 자본, 에너지가 필요하다는 사실입니다. 문제를 해결하는 데 필요한 과학 기술을 개발하고 현실에 적용하기까지 상당한 시간이 걸리는데 그전에 환경 문제가 더 심각해지면 돌이킬 수 없는 위기가 닥칠 것입니다. 게다가 이미 개발된 기술도 문제를 오롯이 해결하기에는 한계가 있습니다. 예를 들어 물이 부족하면 과학 기술을 이용해 바닷물을 담수로 만들 수 있습니다. 하지만 이 기술을 적용하기 위해서는 공장을 짓고 운영할 자본이 필요합니다. 생산 비용이 높아지면 수돗물 가격이 올라갈 것이고 점차 부유한 소수만이 깨끗한 물을 얻을 것입니다. 물이 차별적으로 분배되면 물을 차지하기 위해 폭력 사태가 일어날 수도 있습니다. 또 다른 우려는 에너지 사용입니다. 짠물을 담수로 만드는 공장이 늘어나면 지구는 더 빨리 뜨거워질 것입니다.

그렇다면 과학 기술만 믿고 기다리기보다는 환경 문제를 바라보는 시각을 바꾸고 다른 해결책을 찾아야 하지 않을까요? 다행히 최근 문제를 바라보는 시각이 달라지고 있습니다. 과거의 환경 보호는 인간의 건강을 지키기 위해 환경 오염을 막자는 인간 중심적인 시각을 바탕으로 이루어져 왔습니다. 현재는 여기서 벗어나 인간 역시 생태계의 일원이라는 사실을 받아들이고 인간과 동식물이 공존하는 지구를 만들어야 한다는 생태 중심적인 시각이 주목받고 있습니다.

"깨끗하고 건강하며 지속 가능한 환경에 접근할 권리."

환경을 바라보는 국제 사회의 시각도 변하고 있습니다. 2022년, 유엔은 결의안을 통해 '깨끗하고 건강하며 지속 가능한 환경에 접근할 권리'를 보편적 인권으로 선언했습니다. 안토니우 구테흐스 유엔 사무총장은 이번 결의안이 지구의 3중 위기인 기후 변화, 생물 다양성 파괴, 환경 오염을 막을 역사적인 결정이라고 평가했습니다. 앞으로는 전 세계가 이 권리를 지키기 위해 노력해야 합니다. 의무를 다하지 않는 국가는 국제 사회의 비난을 받을 것입니다.

'인권'이라는 표현 역시 인간 중심적이라 생태 중심적 관점과 충돌한다고 생각할 수 있습니다. 하지만 '깨끗하고 건강하며 지속 가능한 환경에 접근할 권리'가 보편적인 인권으로 선언되었다는 의미를 조금 더 고민해 볼 필요가 있습니다. 인권의 눈으로 보면 환경 파괴는 경제 발전을 위해 감수해야 하는 피해가 아니라 당연히 누려야 할 시민의 권리를 해치는 행위이므로 정부가 앞장서서 해결해야 하는 문제가 됩니다. 그리고 생태계를 해치면서 지속 가능한 환경을 만들 수는 없습니다. 다시 말해 유엔의 결정은 생태계를 보호해야만 하는 당위를 전 세계에 부여한 것입니다.

하지만 이런 흐름이 유의미한 결과로 이어지려면 법과 정책도 생태중심적으로 변해야 합니다. 그리고 이를 위해서는 환경 파괴가 우리의 현재와 미래, 공동체와 생태계에 어떤 영향을 미치고 있는지 이해하고 문제 해결을 위해 적극적으로 행동하는 생태 시민이 필요합니다. 정책 입안자들은 대중의 시선이 쏠린 문제에 관심을 갖기 때문입니다. 이때 '생태 시민'이라고 하는 이유는 '생태'는 인간과 인간의 주변을 넘어서 모든 종을 포함하는 생태계를 뜻하기 때문입니다.

그래서 이 책은 환경에 대한 시민들의 관심을 높이기 위해 일상에 밀접한 여덟 가지 환경 문제를 주제로 선정했습니다. 그리고 각 문제를 '깨끗한 환경', '건강한 환경', '지속 가능한 환경'으로 분류해 이해를 도왔습니다. 사회는 복합적이라 한 문제가 동시다발적으로 여러 분야에 영향을 끼칩니다. 환경을 보건과 과학 분야로 범위를 한정하여 바라보면 논의가 협소해질 수밖에 없습니다. 환경 문제로 사회 안에서 갈등과 분열이 일어나고 이웃 나라와 마찰을 빚을 수 있기 때문에 여러 시선에서 문제를 바라볼 수 있게 했습니다.

여기에 더해 현재 우리 사회에 필요한 법과 정책을 알아본 뒤 우리가 할 수 있는 행동 방법도 소개했습니다. 오해를 막고자 덧붙이면 우리나라에 환경 관련 법안과 정책이 없다는 것이 아니라 듬성듬성 세워진 기준과 군데군데 뚫린 구멍을 채우자는 취지입니다. 해결책은 해외 사례, 특히 선진국 정책을 주로 참고했습니다. 환경 문제는 경제 발전과 역사가 함께 갑니다. 상대적으로 먼저 발전을 이룬 나라들이 더 일찍 문제를 겪었기 때문에 자료가 많을 수밖에 없습니다. 선진국이 우월하다는 편견을 갖기보다는 다른 나라의 경험을 통해 우리가 겪을 시행착오를 줄이는 지혜를 얻었으면 합니다.

마지막으로 바람이 있다면 이 책을 통해 환경이 편안한 대화 주제가 되었으면 좋겠습니다. 친환경이라는 가치를 기준으로 내 편과 네 편을 나누기보다 권리를 존중하는 사회를 만들어 가자는 마음으로 소통했으면 합니다. 생태 시민으로서 지방 자치 단체가 제 할 일을 하도록 요구하고, 기업에 사회적 책임을 물으며, 정치인의 말뿐인 환경 공약을 질타하는 목소리가 우리 사회 곳곳에서 보이고 들리기를 희망합니다.

차례

1부

깨끗한
환경에서
살 권리

01
냄새 해석하기

(?)

( ))))

(!)

여러분이 맡았을 때 견디기 힘든 냄새의 순위를 매겨 보세요.

◦ 공중화장실에서 풍기는 썩은 달걀 냄새 _____

◦ 골목에서 풍기는 고깃집 냄새 _____

◦ 나를 다독이는 엄마에게서 나는 냄새 _____

◦ 버스 옆자리에 앉은 승객에게서 나는 발 냄새 _____

◦ 외국인에게서 나는 낯선 냄새 _____

'검은 법정' 사건의 범인은?

첫 번째 사건

1577년 영국 옥스퍼드의 재판소에서 발생.

신성한 법정에서 재판이 진행되던 가운데,

변호사를 비롯한 300여 명의 사람이 갑자기 숨을 거두었다.

사람들은 미스터리한 이 사건을 '검은 법정'이라 불렀다.

두 번째 사건

1750년 영국 런던의 재판소에서 발생.

검은 법정 사건이 잊힐 때쯤 런던에서 비슷한 참사가

또 일어났다. 재판 중 수십 명이 사망한 것이다.

검은 법정 사건과 같은 점은

목숨을 잃은 사람들의 부와 지위가 다양했다는 것이다.

미스터리한 두 사건의 범인은 누구일까요? 누군가의 간악한 음모였을까요? 아니면 그 당시 거리에 떠돌던 소문처럼 사악한 주술 때문이었을까요? 놀랍게도 범인은 바로 '더러운 환경'이었습니다. 정확히는 오염된 법정이 문제였습니다. 도대체 얼마나 더러웠기에 수십, 수백 명의 사망자가 생긴 건지 의문이 듭니다.

당시 유럽의 위생 상태는 어땠을까요? 유럽에서 공중 위생에 관심이 높아진 시기는 18세기 후반입니다. 그 전까지 청결은 그다지 중요한 가치가 아니었습니다. 거리에는 각종 오물이 뒤섞여 굴러다녔고, 병원이나 감옥처럼 사람이 북적이는 건물에서는 코를 찌르는 분뇨 냄새가 진동했습니다. 사람들은 축축하게 땀이 밴 옷을 입고서 냄새나는 몸으로 서로 부대끼며 살았습니다. 통풍이나 환기에 대한 인식도 부족해서 사방이 꽉 막힌 건물이 많았습니다. 이는 질병이 전파되기 딱 좋은 환경입니다.

당시 두 재판소에 퍼진 질병은 '감옥 열병'으로 추정하고 있습니다. 수감 생활을 하는 사람들이 자주 앓는 병이라 붙은 이름인데, 지금은 '발진 티푸스'라고 합니다. 발진 티푸스는 균으로 감염되는 질병이라서 과거에 군대나 감옥, 선박 같은 집단생활을 하는 곳에서 자주 발생했습니다.

전염과 감염으로 인한 반복된 죽음은 유럽 사람들에게 위생에 대한 경각심을 불러일으켰습니다. 하지만 당시에는 오염의 심각성을 가늠할 만한 기술이 발달하지 않았습니다. 이때 길잡이가 된 것이 바로 후각입니다. '악취는 곧 비위생'이라는 생각이 퍼지며 사람들은 주변 냄새를 평가하기 시작했습니다. 여태 아무렇지 않았던 냄새가 끔찍하게 느껴지는 순간이 찾아온 것입니다. 공포심은 때때로 사회를 변화시킵니다. 사람들은 청결을 위해 불쾌한 냄새를 없애기 시작했습니다. 병원은 규칙을 만들어 환자에게 청결을 가르쳤습니다. 환자들은 주기적으로 옷을 갈아입고 정해진 장소에서 대소변을 해결해야 했습니다. 교도소는 환기를 위해 철창을 만들었고 수감자에게 청소와 빨래를 시켰습니다. 도시 안에서 사체 썩는 냄새를 풍기던 묘지는 저 멀리 도시 바깥으로 밀려났습니다. 그 뒤로도 오랫동안 인류는 위생을 위해 냄새를 없애려는 노력을 했습니다.

후각을 자극하여 불쾌감과 혐오감을 주거나, 심한 경우 건강에 악영향을 끼치는 나쁜 냄새를 '악취'라고 합니다. 악취 없는 깨끗한 환경을 만들기 위해서는 냄새에 대한 판단이 중요합니다. 문제는 같은 냄새라 할지라도 개개인의 반응이 다르다는 것입니다. 누군가에게 참을 수 없는 냄새가 다른 누군가에게는 견딜 만한 수준일 수 있습니다. 게다가 냄새를 맡는 능력도 사람마다 차이를 보입니다. 따라서 개인이 느끼는 악취의 종류와 정도가 다를 수밖에 없습니다. 모호한 기준은 사회를 혼란에 빠뜨리기 마련입니다. 그렇다면 저마다 다르게 느끼는 냄새를 우리는 어떻게 해석해야 할까요?

일상의 행복을
빼앗는 냄새

외국인이 한국에 오면 신기해하는 식문화가 있습니다. 숯불에 불을 피워 그릴을 얹고 그 위에 지글지글 고기를 구워 먹는 직화 구이 방식입니다. 바깥에서 고기를 구워 오는 것이 아니라 실내 테이블 가운데에 불을 피워 놓고 고기가 익어 가는 것을 보며 식사하는 문화를 신기해하는 것입니다. 우리에게는 흔한 일인데 말입니다. 전국 어디를 가나 숯불에 고기를 굽는 식당이 있을 정도로 직화 구이에 대한 한국인의 애정은 상당합니다.

그런데 최근 직화 구이 때문에 식당과 주민 사이에 갈등이 생겼다는 뉴스가 늘어나고 있습니다. 집 주변에 직화 구이 식당이 있으면 고기 굽는 냄새가 창문을 통해 들어오기 마련입니다. 그러면 집안 곳곳에 고기 냄새가 뱁니다. 냄새를 피하려면 여름에도 창문을 닫아야 합니다. 이런 일이 반복되자 주민들 불만이 커진 것입니다.

악취는 우리 일상을 힘들게 합니다. 환경부 자료에 따르면

2005년 약 4,000건이었던 악취 민원이 2017년 5배 이상 증가해 2만 2,000건을 넘었습니다.[1] 2017년에 발생한 민원을 살펴보면 축산 악취가 1위, 생활 악취가 2위를 차지했습니다. 특히 생활 악취 중에서 '기타'를 제외하면 음식점 냄새 민원이 가장 많았습니다. 그다음으로 하수구와 정화조 냄새, 농경지 퇴비 냄새, 공사장 냄새, 자동차 정비 같은 차량 관련 악취가 뒤를 이었습니다.

우리나라는 이미 악취 피해를 막기 위해 「악취 방지법」을 시행하고 있습니다. 그중 생활 악취 관리는 지자체에 맡기고 있는데, 이는 지자체가 조례를 만들어 생활 악취를 개선해야 한다는 뜻입니다. 조례는 법과 다릅니다. 법은 모든 국민이 따라야 하지만, 조례는 해당 지역 주민만 지키는 규칙입니다. 지자체라고 하면 광역시나 도처럼 광역 자치 단체만 해당한다고 생각하기 쉽지만, 시·군·구의 기초 자치 단체도 조례를 만들어 지역을 관리하고 있습니다. 우리나라에는 광역 자치 단체가 17개 있고, 기초 자치 단체는 226개가 있습니다. 하지만 조례를 통해 문제를 해결하는 방식에는 장단점이 있습니다. 지역 문제에 유연하게 대처할 수 있다는 장점이 있지만 지자체가 관심이 없으면 조례가 만들어지지 않아 주민들이 큰 불편을 겪는다는 단점이 있습니다. 2018년도 환경부 자료에 따르면 생활 악취를 방지하기 위해 조례를 만든 지자체는 단 7곳밖에 없었습니다.

악취 문제를 어떻게 해결하면 좋을지 일본 사례를 살펴보겠습니다. 우리나라와 일본의 눈에 띄는 차이점은 규제 대상을 선정하는 방식입니다. 우리나라는 악취가 심한 곳을 관리 지역으로 '선정'해 규제하고 있습니다. 반면 일본은 악취가 없는 곳을 관리 지역에서 '제외'하고 있습니다. 이처럼 우리나라는 악취 관리가 부분적으로 이루어지다 보니 악취 민원의 약 87퍼센트가 관리 지역 밖에서 발생하고 있습니다. 고약한 냄새로 고통받지만 규제 대상 지역이 아니면 해결이 어려울 수밖에 없습니다. 이와 달리 일본은 악취 민원의 약 76퍼센트가 관리 지역 안에서 발생하고 있습니다.[2]

더 나아가 일본은 악취를 측정하기 위해 악취 전문가를 양성하고 있습니다. 냄새는 여러 물질이 결합하여 만들어집니다. 그래서 악취는 측정하기 매우 까다롭습니다. 일본은 이 문제를 효과적으로 해결하기 위해 '악취 판정사 제도'를 실시하고 있습니다. 악취 판정사는 지자체에 악취 민원이 발생했을 때 현장으로 달려가 악취를 정확하게 측정하는 일을 합니다. 이렇게 악취를 관리하는 범위를 넓히고 전문가를 양성한 결과, 일본은 악취 민원이 꾸준히 줄어드는 성과를 얻었습니다.

누가 맡아도 지독한 냄새는 사회적 합의를 이루기 쉽습니다. 외려 고기 굽는 냄새처럼 은근하게 삶의 질을 떨어뜨리는 냄새가 갈등을 일으킵니다. 이를 대수롭지 않게 여기고 내버려 두면 새로운 문제가 터지기 마련입니다. 바로 2018년 인천의 어느 음식점에서 일어난 흉흉한 사건처럼 말입니다. 이웃 주민이 숯불구이 치킨

집 업주에게 흉기를 휘둘렀는데 그 이유가 가게에서 나는 심한 연기와 냄새 때문이었습니다. 일상적으로 벌어지는 폭력 사건 중 하나라고 치부하기에는 이 사건이 갖는 의미가 다릅니다. 어쩌면 생활 악취가 이웃을 견딜 수 없게 만들고 있다는 경고일지도 모릅니다. 우리 사회가 할 일은 주황색 경고등이 붉은색으로 바뀌기 전에 적절한 해결책을 마련하는 것입니다.

음식점 냄새를 줄이는 방법

음식 종류	구이 요리 바비큐, 생선구이 등	기름 요리 튀김, 부침, 볶음 요리 등	탕 요리 김치찌개, 해물탕 등
냄새 특징	구울 때 타는 냄새	기름 타는 냄새	취사 냄새
기름 양	기름 양 ◉◉◉	기름 양 ◉◉◉	기름 양 ◌◌◌
악취 강도	악취 〰〰	악취 〰〰〰	악취 〰〰〰
해결 방법	• 기름을 제거하고 배기관을 주기적으로 청소한다. • 악취 저감 시설을 설치한다. • 배기구를 연장해 높은 곳으로 냄새가 배출되게 한다.	• 기름을 제거하고 배기관을 주기적으로 청소한다. • 악취 저감 시설을 설치한다.	• 배기구에 물이나 탈취제를 뿌린다. • 주택이 없는 곳으로 배기구 방향을 바꾼다.

출처: 「음식점 냄새 관리 가이드북」(환경부, 2017)

생명을
위협하는 냄새

2019년, 부산에서 믿을 수 없는 일이 벌어졌습니다. 공중화장실에 들어간 친구가 시간이 지나도 나오지 않자 밖에서 기다리던 학생은 이상한 느낌이 들어 화장실 안으로 들어가 보았습니다. 무슨 연유인지는 몰라도 친구는 바닥에 쓰러져 있었습니다. 급히 심폐 소생술을 했지만 자신도 의식이 희미해져 갔습니다. 멀어져 가는 정신을 겨우 붙잡고 학생은 친구를 끌고 밖으로 나왔습니다. 그러나 불행히도 쓰러진 친구는 깨어나지 못하고 두 달 후 세상을 떠났습니다.

그런데 2년 뒤 부산에서 같은 일이 또 일어났습니다. 화장실에 들어간 성인 2명이 정신을 잃은 것입니다. 급히 병원으로 옮겨졌지만 모두 숨을 거두었습니다. 앞서 언급한 영국의 검은 법정 사건 같은 일이 우리나라에서 일어난 것입니다. 옛날과 달리 청결이 강조되는 현대 사회에서 말입니다.

세 사람을 죽음으로 몰고 간 범인은 누구였을까요? 바로 '황화수소'입니다. 황화수소는 색이 없는 유독성 가스입니다. 눈에 보이지 않는 이 기체를 알아채는 방법은 냄새입니다. 황화수소는 달걀 썩은 냄새를 풍기는데 그 농도가 짙으면 우리 후각을 마비시킵니다. 고농도의 황화수소를 입이나 코로 들이쉬면 질식할 수 있어 재빨리 신선한 공기가 있는 곳으로 대피해야 합니다.

이처럼 황화수소는 위험한 기체라 밀폐 공간에서의 적정량을 법으로 정해 놓고 있습니다. 오른쪽 표에 나와 있듯이 하루에 여덟 시간 일을 하면 작업장의 황화수소 농도가 평균 10ppm을 넘지 않아야 합니다. 여기서 ppm은 100만분의 1이라는 뜻입니다. 농도가 증가해 1,000ppm이 넘으면 몇 분 이내에 목숨을 잃을 수도 있습니다. 세 사람 목숨을 앗아 간 부산의 두 화장실에서 측정한 황화수소 농도는 각각 1,000ppm과 250ppm이었습니다.

황화수소는 화학 산업에서 쓰이기도 하고, 유기물을 분해하는 과정에서 발생하기도 합니다. 오수나 폐수, 분뇨 처리 시설에서 자주 발생하는 이유도 여기에 있습니다. 그런데 황화수소가 있다고 해서 항상 지독한 냄새가 나는 것은 아닙니다. 어떤 날은 악취가 심했다가 또 어떤 날은 줄어들어 사람을 헷갈리게 만듭니다. 평소에는 괜찮다가도 작업 과정에서 오수나 폐수, 분뇨를 휘저으면 녹아 있던 황화수소가 폭발적으로 공기 중에 분출되기 때문입니다.

황화수소 농도가 우리 몸에 끼치는 영향

농도(ppm)	노출 시간	영향
10	8시간	적정 환경
50~100	3시간	눈과 기도에 가벼운 자극
200~300	1시간	인체에 상당한 자극
500~700	30분~1시간	의식 불명, 사망
1,000 이상	몇 분	의식 불명, 사망

출처: 「밀폐 공간 질식 재해 예방 안전 작업 가이드」(한국 산업 안전 보건 공단, 2020)

이처럼 언제 어디서 유해 가스가 나올지 모르기 때문에 냄새가 의미하는 바를 시민들은 알아야 합니다. 눈에 보이지 않는 유해 가스를 냄새로 구별할 수 있다면 위험한 순간에 귀중한 목숨을 살릴 수 있습니다. 특히 사업장에서 유해 가스 사고가 일어나는 경우가 많아 2010년부터 2019년까지 10년 동안 질식 재해를 입은 노동자가 312명이나 됩니다. 안타깝게도 그중 절반 이상이 사망했습니다. 질식 재해에서 가장 많은 사망자를 낸 유해 가스가 바로 황화수소입니다. 같은 기간 동안 질식 사망자 10명 중 약 3명이 황화수소 때문에 목숨을 잃었습니다.[3]

황화수소 외에도 냄새로 구별할 수 있는 유해 가스가 있습니다. 표백제로 사용하는 이산화황은 썩은 냄새가 나면서 폐에 심한 자극을 줍니다. 달콤한 냄새가 나는 휘발유 증기는 화재 위험이 있어 특히 주의해야 합니다. 냄새와 함께 색이 있는 기체도 있습니다. 살균제로 쓰이는 염소는 녹황색을 띠고 톡 쏘는 냄새가 나며 눈과 폐에 심한 자극을 일으킵니다. 자동차나 화력 발전소에서 연료를 태울 때 나오는 적갈색의 이산화질소는 쏘는 냄새가 나고 마찬가지로 폐에 심한 자극을 일으킵니다.

신호등처럼 냄새에도 신호가 있습니다. 건강을 위협하는 냄새는 빨간 신호등과 같습니다. 앞에 나온 두 사건이 안타까운 까닭은 공중화장실에서 악취가 난다는 민원이 있었음에도 이를 간과했기 때문입니다. 화장실을 깨끗하게 청소해도 악취가 난다면 문제의 원인을 다른 곳에서 찾아야 하는데 그러지 못했습니다. 어쩌면 화장실에서 냄새가 나는 건 당연하다고 여겼을지도 모릅니다.

그렇기에 위험한 냄새에 대한 편견을 경계해야 합니다. 달콤한 냄새가 나는 휘발유 증기처럼 유해 가스라고 반드시 역겨운 냄새를 풍기는 것은 아닙니다. 막연히 괜찮을 거라는 생각은 우리를 방심하게 만들고, 원인 모를 공포는 사회를 불안하게 합니다. 불안을 낮추기 위해서는 유해 가스로부터 안전한 환경을 만들어야 합니다. 유해 가스를 다루는 작업장은 반드시 노동자에게 질식 사고의 위험성을 교육해야 합니다. 지자체는 작업장이 안전 규정을 지키고 있는지, 공공시설이 안전하게 관리되고 있는지 수시로 꼼꼼히 점검해야 합니다.

황화수소로 3명의 사상자가 발생한 대구의 한 정수사업소 사고 현장

감정에 따라
달라지는 냄새

다른 사람 몸에서 나는 냄새를 맡으면 자기도 모르게 불쾌한 반응이 나오곤 합니다. 예를 들어 기차나 고속버스에서 다른 사람의 발 냄새가 스멀스멀 올라오면 인상이 찌푸려집니다. 체취가 강하게 나는 동료가 가까이 오면 피하고 싶은 마음이 듭니다. 어린아이들 역시 냄새의 불쾌함을 압니다. 할머니, 할아버지가 반가운 마음에 껴안으면 "할머니 냄새나!", "냄새나니까 할아버지 저리 가!"라는 말을 서슴없이 내뱉기도 합니다.

하지만 불쾌한 냄새를 맡아도 반응이 다를 때가 있습니다. 이를테면 갓난아이가 똥을 싸면 부모는 이를 건강하다는 신호로 받아들이고 오히려 그 냄새를 반깁니다. 어떤 때는 아이의 똥 냄새가 구수하게 느껴지기도 합니다. 아이들 역시 애착 인형에서 침 냄새, 땀 냄새가 나도 개의치 않고 꼭 껴안고 잡니다. 나를 다독이는 연인의 체취를 더럽다고 여기지는 않을 것입니다.

무엇이 이런 차이를 만들까요? 바로 정서적 친밀감입니다. 내가 친밀하다고 생각하는 대상의 냄새는 고약하게 느껴지지 않습니다. 이렇듯 냄새는 코로 맡지만 마음으로 느끼기도 합니다. 좋은 향기도 싫어하는 사람에게서 나면 역하게 느껴질 수 있습니다.

하지만 우리는 냄새가 감정에 따라 달라질 수 있다는 사실을 쉽게 간과합니다. 그 이유는 오랜 시간 쌓인 냄새에 대한 부정적 인식 때문입니다. 그렇기에 사람들은 '더러워서 냄새나는 것'과 '냄새나서 더럽다고 느끼는 것'의 차이를 잘 구분하지 못합니다. 전자는 위생과 관련이 있지만, 후자는 향기를 제외한 모든 냄새를 부정적으로 여기는 인식에서 비롯된 불쾌감입니다.

이런 인식은 교육을 통해 다음 세대로 전해집니다. 아이들은 어렸을 때부터 냄새를 제거하는 방식으로 위생을 배웁니다. 예를 들어 "땀 냄새 나니까 옷 갈아입어.", "머리에서 냄새나니까 빨리 가서 감고 와.", "양치 안 하면 입 냄새 나.", "양말은 냄새나니까 빨래통에 넣어 놔." 같은 말을 듣고 자랍니다. 실제로 지독한 냄새가 나서라기보다는 위생적인 행동을 가르치기 위한 표현입니다. 아이들은 자연스레 향기가 아닌 것은 악취라고 생각하며 향기에는 호감을, 악취에는 반감을 느끼는 감정을 배웁니다. 다른 이의 체취를 불결하게 생각하는 건 어쩌면 학습된 감정의 결과일지도 모릅니다.

우리가 느끼는 불쾌감을 본능이 아니라 학습된 감정이라고 표현하는 이유는 냄새를 악취라고 느끼기 전과 후 우리 태도가 달라지기 때문입니다. 현대 사회에 이르러 공중위생이 강조되기 전까지 사람들은 냄새를 불결하다고 느끼지 않았습니다. 과거 유럽에서 거리에 널린 오물을 피하려 하이힐을 신었던 역사적 사실만 봐도 청결에 대한 관념이 오늘날과 얼마나 달랐는지 알 수 있습니다. 그 당시 사회가 청결을 우선시했다면 오물을 정해진 장소에 버리게 하고 거리를 청소하는 사람을 두었을 것입니다. 냄새를 부정적으로 인식하기 전까지 사람들은 부와 지위에 상관없이 모두 '냄새 나는' 삶을 살았습니다.

모든 인간은 자기만의 체취를 가지고 있습니다. 체취는 나쁜 것도 좋은 것도 아닙니다. 깨끗하게 씻어도 몸에 향기를 덧입히지 않으면 체취가 납니다. 그런데도 우리는 '냄새난다'라는 말을 들으면 주로 '더럽다'는 뜻으로 해석합니다. 어쩌면 우리가 두려워하는 건 체취가 아니라 사람들이 만들어 낸 냄새의 나쁜 이미지일지도 모릅니다. 냄새에 대한 학습된 불쾌감을 떨치면 냄새의 장점을 발견할 수 있습니다. 냄새는 추억을 불러일으키는 힘이 있습니다. 떠나간 부모님의 옷에서 풍기는 냄새를 맡으면 잊고 있던 기억이 떠올라 눈물이 나기도 합니다. 오늘은 잠들기 전에 나에게 추억을 불러일으키는 냄새가 있는지 떠올리는 시간을 가져 보면 어떨까요?

혐오 표현이 되는
냄새

우리는 '냄새나다'라는 말을 불쾌한 냄새가 날 때 쓰지만, 싫은 감정을 표현할 때도 사용합니다. 그 말을 들으면 나를 싫어서 한 말인 것을 알아도 마음 한편에는 '혹시 진짜 안 좋은 냄새가 나는 건 아닐까?' 하는 찜찜함이 남곤 합니다. 다시 말해 "너 냄새나."라는 말은 내뱉는 사람에게는 정당성을, 듣는 사람에게는 죄책감을 심어 주는 표현입니다. 이 때문에 냄새는 혐오를 드러내는 강력한 수단이 되어 사람들의 마음에 상처를 냅니다.

2021년, 미국 유타주에서 열 살밖에 되지 않은 어린아이가 극단적 선택을 한 사건이 있었습니다. 까만 피부색을 가진 이사벨라는 자폐증이 있었습니다. 이사벨라를 죽음으로 몰고 간 원인은 따돌림이었습니다. 불행하게도 학교에서 이사벨라를 보호해 주는 어른은 없었습니다. 선생님은 "안녕?"이라는 평범한 인사도 이사벨라에게는 해 주지 않았고, 다른 학생들에게 반에서 나쁜 냄새가 난다고 말하기도 했습니다. 이 말을 들은 학생들은 냄새의 원인이 이사벨라라고 생각했고 까만 피부 때문에 나쁜 냄새가 난다며 놀리곤 했습니다. 가족들은 학교에 섬유 탈취제를 가져가는 이사벨라의 행동에 이상함을 느꼈고, 집단 괴롭힘이 일어나고 있다는 사실을 알았습니다. 곧바로 학교에 민원을 제기했지만 아무런 조치도 이루어지지 않았습니다.

이 사례에서 냄새는 사회적 소수자를 혐오하는 수단으로 사용되었습니다. 교사는 피부색이 다르고 장애인인 이사벨라를 차별함으로써 다른 것이 나쁜 것이라고 가르쳤습니다. 그리고 "교실에서 나쁜 냄새가 난다."라는 말로 학생들에게 혐오 표현을 제공했습니다. 이사벨라만 자기 몸에서 나쁜 냄새가 날까 전전긍긍했을 뿐 불쾌한 냄새가 실제로 나는지는 교사와 학생들에게 그다지 중요하지 않았을 것입니다.

또 다른 사례도 있습니다. 2019년, 미국의 어느 비행기 안에서 냄새가 논란이 된 사건이 있었습니다. 한 부부가 어린 딸을 안고 비행기에 올랐는데 그 복장이 유독 사람들의 시선을 끌었습니다. 남성은 머리에 작고 동그란 모자를 쓰고 있었고, 여성은 긴 치마를 입고 가발을 쓰고 있었습니다. 이는 정통 유대교도의 복장입니다. 그런데 부부가 좌석에 앉은 지 불과 5분 만에 승무원이 다가와 긴급 상황이 벌어져 비행기에서 내려야 한다는 당황스러운 소식을 전했습니다.

　부부는 딸과 함께 영문도 모른 채 밖으로 나갔습니다. 승무원은 기내에서 극도로 역겨운 냄새가 난다는 민원이 있었다며, 당신 가족을 탑승시킬 수 없다고 통보했습니다. 정통 유대교도는 일주일에 한 번 목욕한다는 사실을 안다고도 덧붙여 말했습니다. 수치스러움과 분노를 느낀 부부는 비행기 안으로 달려가 승객들에게 자신에게서 불쾌한 냄새가 나는지 물었으나 정작 그렇다고 대답한 사람은 없었습니다. 탑승하고 싶다는 부부의 요청은 끝내 받아들여지지 않았습니다. 비행장에 덩그러니 남겨진 부부는 명예 회복을 위해 소송을 제기했습니다.

　법정에서는 양측 의견이 오갔습니다. 부부는 지금까지 단 한 번도 냄새가 난다는 이유로 탑승을 거절당한 적이 없고, 그날 아침에 목욕을 했다고 밝히며 억울함을 토로했습니다. 그리고 자기 가족을 내쫓은 항공사 직원의 행동은 종교적 차별이라고 주장했습니다. 항공사는 이를 반박했습니다. 이들 부부에게서 냄새가 난다는 민원이 있었고, 다른 비행기를 기다리는 동안 머무를 숙소를 제공하는 등 적절한 후속 조치를 했기 때문에 문제가 없다고 주장했습니다.

　이 사건의 문제는 무엇일까요? 민원을 받은 대상은 미국에서 소수자에 해당하는 정통 유대교도입니다. 이사벨라의 사례와 마찬가지로 냄새난다는 말이 사회적 소수자를 향할 때는 혐오 표현이 될 수 있으므로 문제에 더 세심하게 접근해야 합니다. 무엇보다 중재자가 중립적이어야 하는데 실제로 냄새가 났는지 여부와 상관없이 항공사 직원은 이유를 설명하는 과정에서 정통 유대교도에 대한 편견을 드러내며 한쪽으로 치우친 태도를 보였습니다. 이 때문에 부부는 씻을 수 없는 상처를 받았습니다.

더 나아가 항공사는 직원의 잘못된 행동에 대한 사과 없이 경제적 보상으로만 문제를 해결하려 했습니다. 회사가 대처하는 과정 그 어디에도 부부가 느꼈을 수치심과 모멸감을 헤아리는 행동이나 태도는 없었습니다. 설령 결과가 같았을지라도 이를 처리하는 과정에서 상대에 대한 배려를 보였다면 부부가 느꼈을 절망의 깊이는 달랐을 것입니다.

두 사례처럼 냄새를 맡았다고 주장하는 사람과 발생시켰다고 지목받은 사람의 권력이 다를 때 냄새에 대한 말은 혐오 표현이 될 수 있으니 주의해야 합니다. 주로 경제적·사회적 지위가 높은 사람이 낮은 사람에게, 다수 집단이 소수 집단에게 선을 긋기 위한 목적으로 사용합니다. 고용주가 노동자에게, 비장애인이 장애인에게, 선주민이 이주민에게, 백인이 유색 인종에게 냄새난다고 말하는 사례가 반대의 경우보다 많은 이유도 이 때문입니다.

영화 「기생충」(2019)은 냄새로 빈부 격차를 표현해 화제를 모았습니다. 영화 속에서 박 사장은 운전 기사에게서 불쾌한 냄새가 난다는 듯 창문을 열고 손으로 코를 막습니다. 봉준호 감독은 인터

뷰에서 「기생충」은 인간에 대한 예의를 다룬 영화이며, 냄새는 예의가 붕괴된 지점을 보여 준다고 설명했습니다. 영화가 보여 준 냄새에 대한 해석은 우리나라뿐 아니라 해외 곳곳에서 공감을 불러일으키며 찬사를 받았습니다. 이는 냄새로 나와 타자를 가르는 일이 전 세계 어디서나 빈번히 벌어지고 있다는 슬픈 현실을 드러내기도 합니다. 냄새가 혐오 표현이 되는 것을 막으려면 냄새에 대한 언어적·비언어적 표현이 우리 사회에서 어떤 의미로 쓰이는지 세심히 살펴야 할 것입니다.

냄새로부터
나와 타인 보호하기

악취는 더러움을 판단하는 기준이 되기도 하지만 상황에 따라 생명을 위협하거나 갈등을 일으키기도 합니다. 하지만 모든 냄새가 악취는 아닙니다. 냄새는 감정에 따라 다르게 느껴지기도 해서 자칫하면 혐오와 차별의 수단이 될 수도 있습니다. 깨끗한 환경에서 살 권리를 누리기 위해 악취를 구분하고 줄일 수 있는 행동을 소개합니다.

악취 방지 지원 정책 알아보기

숯불구이 음식점처럼 냄새가 많이 나는 가게는 이웃 주민과의 상생을 고민해야 합니다. 음식 냄새가 손님을 끌어당기는 홍보 수단이 되기도 하지만, 너무 과하면 이웃에게 피해를 주어 갈등을 일으킬 수 있으니까요. 이를 해결하기 위해 사업장이 악취 방지 시설을 설치하도록 지원해 주는 정책이 있는지 우리 지역 지자체에 문의해 보세요.

예를 들어 서울시는 2016년부터 직화 구이 음식점, 인쇄소, 세탁소 등에 악취 방지 시설을 설치하도록 지원하는 정책을 시행했습니다. 2018년 설문 조사 결과를 보면 지역 주민의 89퍼센트가 시설을 설치한 뒤 악취가 줄어들었다고 답했습니다.

2 생활 악취 관련 조례 찾아보기

우리 지역에 생활 악취를 줄이기 위한 조례가 있는지 찾아보고, 없다면 지자체에 조례를 제정해 달라고 요청해 주세요. 조례는 '국가 법령 정보 센터' 홈페이지에서 검색할 수 있습니다. 예시로는 「담양군 악취·소음·먼지 줄이기 실천 조례」, 「서울특별시 영등포구 생활 악취 저감 및 관리에 관한 조례」가 있습니다.

3 '냄새나다'라는 표현에 대해 생각 나누기

냄새에 담긴 의미를 파악하면 타인을 배려하는 언어를 사용하는 데 도움이 됩니다. 주변 사람들과 '냄새나다'라는 표현에 대해 이야기 나눠 주세요.

- '냄새나다'라는 언어적·비언어적 표현을 듣거나 본 경험이 있나요? 그때 기분이 어땠나요?
- 누군가에게서 내가 싫어하는 냄새가 난다면 어떻게 행동하면 좋을까요?
- 누군가가 '카레 냄새', '김치 냄새', '마늘 냄새'라는 말을 다른 사람이나 나에게 했을 때, 우리는 어떻게 행동해야 할까요?

02

미세 먼지 줄이기

(?)

(☁)

(!)

미세 먼지에 대한 문제를 읽고 O, X를 표시해 보세요.

◦ 황사와 자동차 배기가스가 배출한 미세 먼지는 성분이 같다. (　　)

◦ 우리나라 초미세 먼지 농도는 다른 경제 협력 개발 기구(OECD) 국가
  와 비슷하다. (　　)

◦ 음식을 조리할 때 주방과 거실의 초미세 먼지 농도는 비슷하다. (　　)

◦ 세계 보건 기구(WHO)가 정한 실내 미세 먼지 권고 기준은 실외 기준
  과 같다. (　　)

깨끗한 공기를
팝니다

2016년, 흥미로운 사진이 인터넷에 올라왔습니다. 산 중턱에서 상인들이 풍선처럼 공기로 빵빵해진 봉지를 팔고 있었습니다. 놀랍게도 그 앞에는 사람들이 봉지를 사기 위해 줄을 서 있었습니다. 우리 돈으로 작은 봉지는 대략 1,600원, 큰 봉지는 5,000원이었습니다. 봉지를 산 사람들은 그 자리에서 바로 봉지를 열어 공기를 들이마셨습니다. 이곳은 어디이며 그들은 왜 돈을 주고 공기를 샀을까요?

공기 판매라는 기이한 일이 벌어진 곳은 중국 남부에 있는 광둥성입니다. 중국 제조업의 심장이라 불리는 지역으로, 우리나라 인구의 2배가 넘는 1억 2,000여 명이 살고 있습니다. 공기를 팔던 사진 속 그날 시민들이 도시를 떠나 산으로 간 이유는 뿌연 하늘 때문이었습니다. 보기만 해도 숨이 막힐 것 같은 먼지가 도시를 뒤덮자 시민들은 깨끗한 공기를 마시기 위해 산을 오른 것입니다. 상인들은 시민들의 필요에 맞춰 산봉우리의 맑은 공기를 봉지에 담아 팔았습니다.

충격적인 것은 전에도 이와 비슷한 일이 있었다는 사실입니다. 2015년, 중국 장자강의 어느 식당에서 공기 청정기를 설치한 뒤 손님들에게 깨끗한 공기를 제공한 대가로 서비스 비용을 청구했습니다. 이 일로 공기에 가격을 매기는 행위가 합당한지를 두고 논쟁이 벌어졌습니다.

이런 소식을 접하면 누군가는 가볍게 웃고 넘기겠지만 뿌연 먼지로 고통받는 사람들은 남 일 같지 않아 마음이 무거워질 것입니다. 실제로 깨끗한 공기를 담은 '공기 캔'이 새로운 사업 아이템으로 떠오르고 있습니다. 일례로 캐나다의 한 회사가 로키산맥의 맑은 공기를 캔에 담아 판매해 화제를 모았습니다. 그리고 미세 먼지로 신음하는 중국에 공기 캔을 수출하면서 성장 가능성을 입증했습니다. 우리나라도 예외는 아닙니다. 지리산 청정 공기가 담겨 있는 공기 캔이 시중에 판매되고 있습니다.

이런 현상을 보고 어떤 사람은 돈을 벌 수 있는 새로운 시장이 생겼다며 반기겠지만, 공기까지 돈을 주고 사야 한다고 생각하면 참으로 씁쓸합니다. 대기질이 양호한 상황에서 더 좋은 공기를 판매한다면 이는 사치품으로 여러 선택지 중 하나일 것입니다. 하지만 미세 먼지가 심각한 상황에서 맑은 공기는 생명을 지키기 위한 필수품입니다. 돈을 내지 않고 깨끗한 공기를 마시겠다는 우리의 생각은 욕심일까요?

좋은 먼지,
나쁜 먼지

2022년 3월, 스페인 하늘이 붉게 변했습니다. 전문가가 아니어도 이런 빛깔의 하늘이라면 날이 심상치 않다는 것을 알 수 있을 정도였습니다. 스페인 시민들은 창문을 모두 닫고 밖에 나갈 때는 마스크로 코와 입을 꽁꽁 가렸습니다. 코로나19 바이러스 확산세가 꺾이면서 실외에서 마스크를 벗었지만 한 달 만에 다시 써야 했습니다. 붉은 먼지는 바람을 타고 멀리 멀리 날아가 유럽 전역으로 퍼졌습니다. 프랑스와 영국 시민들도 먼지로 뒤덮인 차와 창문을 닦느라 여념이 없었습니다. 유럽 하늘을 이토록 으스스하게 만든 원인은 무엇일까요?

먼지의 정체는 바로 사하라 사막에서 불어온 황사였습니다. 황사는 우리에게도 익숙합니다. 3월부터 5월까지 겨우내 꽁꽁 얼어 있던 중국과 몽골의 땅이 녹으면서 흙먼지가 바람을 타고 우리나라에 날아오곤 합니다. 강한 바람이 불면 흙먼지는 우리나라를 거쳐 일본으로, 더 멀리는 미국까지 날아갑니다.

흙먼지가 바람을 타고 이동하는 현상은 지극히 자연적인 일입니다. 황사가 '자연 현상'이라는 건 생태계 안에서 나름의 쓸모가 있다는 뜻입니다. 황사는 입자의 크기가 작아 미세 먼지에 해당하지만 인간이 만들어 낸 미세 먼지와는 성분이 다릅니다. 황사에는 규소, 마그네슘, 철, 알루미늄, 칼륨과 칼슘처럼 토양에서 나온 미네랄이 풍부합니다. 그리고 황사에 있는 미네랄은 해양 생태계를 건강하게 만들어 줍니다. 식물성 플랑크톤이 광합성할 때 필요한 영양분인 철분이 바다에는 부족한데, 이를 채워 주는 것이 바로 황사입니다. 다시 말해 바람을 타고 바다에 뿌려진 흙먼지는 식물성 플랑크톤에 철분을 제공하는 역할을 하는 것입니다.

육상 생태계 역시 황사의 혜택을 받습니다. 아프리카 대륙에는 우리나라 면적의 92배에 이르는 사하라 사막이 있습니다. 사하라 사막에 모래 폭풍이 불면 흙먼지가 유럽과 대서양을 지나 아마존 열대 우림까지 날아갑니다. 황사가 생태계에 어떤 영향을 끼치는지 알기 위해 과학자들은 인공위성 데이터를 바탕으로 사하라 사막에서 아마존 열대 우림으로 날아가는 흙먼지를 분석했습니다. 결과는 놀라웠습니다. 해마다 2만 2,000톤에 달하는 인이 황사에 실려 아마존 열대 우림에 뿌려지고 있었습니다.[1] 토양이 비옥해야 식물이 잘 자라는데, 인은 식물 생장에 꼭 필요한 영양소입니다. 토양에 뿌리는 비료에 인이 들어가는 이유도 이 때문입니다. 이 연구를 통해 황량한 사하라 사막 덕분에 울창한 아마존 열대 우림이 존재한다는 사실이 밝혀졌습니다.

　반면 황사와 달리 인간이 만들어 낸 미세 먼지는 유해 성분을 가진 오염 물질입니다. 여기에는 납, 카드뮴, 크롬 등의 중금속과 황산염, 질산염, 검댕 등과 같은 물질이 포함되어 있습니다. 입자의 지름이 10마이크로미터(㎛) 이하인 먼지를 미세 먼지라고 합니다. 영어 약자를 사용하여 간략하게 PM10으로 표기하기도 합니다. 이때 1마이크로미터는 1,000분의 1밀리미터(㎜)를 뜻합니다. 그리고 인간이 만들어낸 유해한 미세 먼지는 만들어지는 과정에 따라 1차 미세 먼지와 2차 미세 먼지로 나뉩니다. 1차 미세 먼지는 공장에서 화석 연료를 태울 때 생기는 매연이나 자동차 배기가스처럼 고체 상태로 나오는 먼지입니다. 2차 미세 먼지는 가스 상태로 나와 공기 중에서 다른 물질과 화학 반응을 일으켜 만들어진 먼지입니다. 미세 먼지 중 입자 지름이 2.5마이크로미터 이하인 먼지를 PM2.5로 표기하는데, 우리나라에서는 이를 이해하기 쉽게 초미세 먼지라고 부릅니다. 우리나라의 초미세 먼지의 70퍼센트가 2차 미세 먼지입니다. 초미세 먼지는 몸속 깊숙이 침투할 수 있어서 건강에 훨씬 더 해롭습니다.

　그런데 자연에서 발생한 황사와 인간의 경제 활동으로 만들어진 미세 먼지가 뒤섞이면 어떻게 될까요? 황사는 생태계에 꼭 필요한 미세 먼지이며 본래 가지고 있는 성분 자체도 인체에 해롭지 않습니다. 하지만 날아오는 과정에서 유해 물질에 오염되면 나쁜 먼지로 바뀝니다. 황사와 미세 먼지를 함께 고민해야 하는 이유가 여기 있습니다. 생태계가 건강하게 보전되기 위해서, 그리고 우리가 깨끗한 공기를 마시기 위해서는 인간이 만들어 내는 해로운 먼지를 줄여야 합니다.

미세 먼지는
어디에서 오는 걸까?

2021년, 국립 암 센터가 우리나라 사람들이 자주 진단받는 암 종류를 발표했습니다. 눈에 띄는 점은 폐암이 남성 암 1위, 여성 암 5위를 차지했다는 사실입니다. 폐암의 가장 큰 원인은 누가 뭐라 해도 흡연입니다. 대략 우리나라 남성 100명 중 31명이, 여성 100명 중 6명이 담배를 피웁니다. 이상한 건 해마다 흡연율이 낮아지는데도 폐암 발병률은 높아진다는 것입니다. 특히 여성은 담배를 피우지 않는 사람이 월등히 많은데도 폐암에 시달리고 있습니다. 폐를 병들게 하는 또 다른 원인은 무엇일까요?

이 궁금증을 풀어 줄 만한 연구가 있습니다. 국내 연구진이 수도권에 거주하는 20세부터 65세까지 국민 건강 검진을 받은 시민 남녀 583만 명의 건강 상태를 7년 동안 추적 관찰했습니다. 관찰 기간 동안 약 3만 6,000명이 폐암 진단을 받았는데 놀랍게도 폐암

진단을 받은 여성의 94.4퍼센트는 흡연 경험이 없었습니다. 연구진이 주목한 폐암의 또 다른 원인은 바로 미세 먼지였습니다. 폐암과 미세 먼지의 상관관계를 알아보기 위해 연구진은 폐암 환자들의 집 근처 미세 먼지 농도를 측정했습니다. 이 지역들의 1년 평균 농도는 세제곱미터(m^3)당 59.7마이크로그램(μg)으로, 세계 보건 기구(WHO)의 미세 먼지 권고 기준인 20마이크로그램보다 3배나 높았습니다. 마이크로그램은 미세 먼지 농도를 나타내는 단위로 1마이크로그램은 100만분의 1그램입니다. 연구진의 예상대로 오랜 기간 미세 먼지를 마시면 폐암에 걸릴 가능성이 커진다는 결론이 나왔습니다.[2] 실제로 미세 먼지는 석면, 벤젠, 술, 담배 등과 마찬가지로 국제 암 연구 기관이 지정한 1군 발암 물질입니다.

그렇다면 폐암을 줄이기 위한 해결책은 간단해 보입니다. 공기를 깨끗하게 만들면 됩니다. 현재 우리나라 공기는 안전한 수준이 아닙니다. 경제 협력 개발 기구(OECD)에 가입된 38개국의 초미세 먼지 농도를 비교했을 때 우리나라 대기질이 가장 좋지 않았습니다. 2019년 우리나라의 초미세 먼지 평균 농도는 세제곱미터당 25.9마이크로그램으로 다른 나라 평균보다 2배나 높았습니다.[3] 사망 위험을 최대한으로 낮출 수 있는, 세계 보건 기구의 초미세 먼지 권고 기준은 한 해 평균 세제곱미터당 10마이크로그램입니다.

대기를 깨끗하게 만들기 위해 미세 먼지가 어디에서 발생하는지부터 파악해야 합니다.

미세 먼지는 어디에서 오는 걸까?

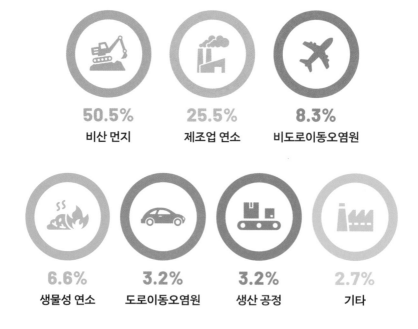

50.5%	25.5%	8.3%
비산 먼지	제조업 연소	비도로이동오염원

6.6%	3.2%	3.2%	2.7%
생물성 연소	도로이동오염원	생산 공정	기타

8.3% 3.2% 2.7%

50.5%　**25.5%**

2019년 미세 먼지 배출량 총 207,866톤

6.6% 3.2%

출처: 「2019 부문별 배출량」(환경부 국가 미세 먼지 정보 센터)

미세 먼지가 대체로 차량에서 나온다고 생각하지만 실제로는 그렇지 않습니다. 2019년 환경부 자료에 따르면 미세 먼지 중 약 절반은 어디서 오는지 모르는 날림 먼지, 즉 비산 먼지입니다. 도로나 공사장, 농가나 축가에서 발생하는 먼지가 여기에 해당합니다. 그다음으로 제조 과정에서 연료를 태울 때 나오는 먼지가 2위를 차지했습니다. 3위는 선박, 건설 장비, 농업 기계, 철도, 항공과 같은 자동차 이외의 교통수단에서 나오는 먼지입니다. 4위는 생물성 연소인데, 이는 바깥에서 쓰레기를 태우거나 불을 땔 때, 농토에서 잔여물을 소각하거나, 고기나 생선을 구울 때 발생하는 먼지입니다. 5위가 사람들이 흔히 떠올리는 자동차에서 나오는 먼지입니다. 6위가 공장에서 물건을 만드는 과정에서 나오는 먼지이고, 그밖에 에너지 발전 시설, 폐기물 소각 시설 등에서도 미세 먼지가 발생했습니다. 초미세 먼지 역시 순위만 다를 뿐 발생하는 출처는 비슷했습니다. 정리하자면 미세 먼지는 물건을 만들어 이를 운반하고, 교통수단을 이용하고, 건물을 세우고, 쓰레기를 태우는 경제활동 전반에서 나오고 있습니다.

여기서 주목해야 할 점은 미세 먼지의 출처가 다양하다는 것입니다. 그렇기에 지자체의 역할이 매우 중요합니다. 지자체는 지역에서 미세 먼지가 많이 나오는 곳이 어디인지 조사하고 그에 따라 맞춤형 대책을 마련해야 합니다. 예를 들어, 비산 먼지는 공사장이나 도로뿐 아니라 농사짓고 가축 기르는 과정에서도 많이 발생합니다. 그래서 도시는 도시에 맞게, 농촌은 농촌에 맞게 미세 먼지를 줄일 수 있는 정책이 필요합니다.

바깥 공기가 나쁠 때 실내에 있으면 된다고 생각할지도 모르겠습니다. 그렇다면 사람들이 오래 머무는 집 안 공기는 어떠한지 살펴보겠습니다. 집 안에서 미세 먼지가 많이 나오는 곳이 바로 불을 피우는 주방입니다. 국립 환경 과학원의 연구에 따르면 조리 방법에 따라 실내 초미세 먼지의 농도가 달라집니다. 환풍기를 켜지 않는 상태에서 고기를 삶으면 세제곱미터당 155마이크로그램이던 초미세 먼지 농도가 고기를 구울 때는 1,969마이크로그램까지 치솟았습니다. 생선을 구울 때는 이보다 더 많은 2,619마이크로그램을 기록했습니다. 반면 환풍기를 틀고 조리하면 초미세 먼지 농도가 대폭 줄었습니다.[4]

다행히도 실내 미세 먼지는 환기를 잘 시키면 줄일 수 있습니다. 하지만 이것도 바깥 공기가 깨끗할 때 의미 있는 일입니다. 근본적인 문제가 해결되지 않는다면 결국 공기 청정기에 의존할 수밖에 없습니다. 공기 청정기는 미세 먼지를 줄여 주지만 산소를 공급해 주지는 않습니다. 미세 먼지로 창문을 열지 못하면 실내 이산화탄소 농도가 높아지는 또 다른 문제가 발생합니다. 여기에 더해 늘어난 공기 청정기 수만큼 에너지 사용량도 증가해 결과적으로 생태계를 위험에 빠뜨립니다.

실내, 실외 중 어디에서 발생하든 미세 먼지의 해로움은 달라지지 않습니다. 세계 보건 기구에 따르면 2019년 한 해 동안 실내외 대기 오염으로 약 700만 명이 기대 수명을 채우지 못하고 숨을 거뒀습니다. 이를 막기 위해 세계 보건 기구는 실내외를 구분하지 않고 미세 먼지와 초미세 먼지 권고 기준을 똑같이 정해 놓았습니다.[5] 우리나라 대기질이 권고 기준에 도달하려면 더 큰 노력이 필요합니다. 그러기 위해서는 미세 먼지 문제에 시민들의 관심이 절실합니다.

미세 먼지가
경제를 흔든다

　　　　　　　　　　화석 연료와 미세 먼지는 떼려야 뗄
수 없는 관계에 있습니다. 하지만 화석 연료 사용을 둘러싼 논쟁은
여전히 뜨겁습니다. 화석 연료를 쓰느냐 마느냐가 마치 경제와 환
경 중 하나를 선택해야 하는 일로 여겨지기 때문입니다. 언젠가 일
어날 환경 문제보다는 당장 먹고사는 문제가 더 시급하다는 생각
에 화석 연료를 줄이자는 목소리는 좀처럼 탄력을 받지 못합니다.
그렇다면 일부 사람들의 생각처럼 미세 먼지를 견디면 경제는 원
활히 돌아갈까요?

　　공기가 뿌연 날이면 우리는 되도록 바깥에 나가지 않으려 합
니다. 거리에 사람이 줄어들면 상인은 울상을 지을 수밖에 없습니
다. 특히 바깥에 물건을 내놓고 파는 노점상이나 재래시장에는 손
님 발길이 뚝 끊깁니다. 미세 먼지가 판매에 직접적인 영향을 끼치
는 것입니다. 산업 연구원의 분석에 따르면 초미세 먼지의 농도가

세제곱미터당 10마이크로그램이 증가하면 대형 소매점의 판매 수익이 약 2퍼센트 포인트 감소한다고 합니다.[6]

미세 먼지로 휘청이는 또 다른 분야는 관광업입니다. 세종대학교의 관광 산업 연구소가 시민을 대상으로 실시한 설문 조사에 따르면 10명 중 4명이 황사와 미세 먼지가 심하다는 일기 예보를 본다면 여행을 취소하거나 변경할 거라 답했습니다.[7] 미세 먼지에 대한 불안이 여행을 주저하게 만드는 것입니다. 이를 뒷받침해 주는 연구 결과도 있습니다. 한국 문화 관광 연구원은 미세 먼지 농도가 치솟아 세제곱미터당 120마이크로그램이 되면 관광객이 절반가량 줄어든다고 발표했습니다.[8]

한편 작은 미세 먼지 하나에도 신경을 곤두세우는 분야가 있습니다. 바로 반도체와 디스플레이 산업입니다. 반도체와 디스플레이는 먼지 하나만 묻어도 제품 완성도가 떨어지기 때문에 생산 공장의 공기 질을 철저하게 관리하고 있습니다. 먼지에 민감한 산업이다 보니 미세 먼지가 심한 날에는 공기 정화에 더욱 신경 써야 합니다. 공기 정화 시설을 평소보다 더 많이 가동하면 그만큼 에너지 소비가 늘고 화석 연료 사용량이 증가하는 악순환이 일어납니다.

농촌에서도 미세 먼지가 골치입니다. 미세 먼지는 가축에게 호흡기 질환을 일으키고 작물의 광합성을 해칩니다. 잎에 붙어 있는 미세 먼지가 빛의 흡수를 방해하고 이산화탄소가 드나드는 기공을 막아 광합성 효율을 떨어뜨리기 때문입니다. 이 밖에도 미세 먼지가 수증기와 만나면 산성비가 내려 토양을 오염시킵니다.

그런데 반대로 농사 과정에서 미세 먼지가 발생하기도 합니다. 농기계가 먼지를 일으키기도 하지만, 이보다 더 주목해야 할 문제는 바로 암모니아입니다. 암모니아는 가축 분뇨에서 가장 많이 나오고, 그다음으로 화학 비료에서 나옵니다. 그렇다 보니 암모니아의 80퍼센트 이상이 농촌에서 나오고 있습니다.[9] 암모니아는 그 자체로도 해롭지만, 공기 중에서 다른 물질과 결합하여 초미세 먼지를 만들어 내기도 합니다. 초미세 먼지를 줄이려면 암모니아의 발생을 억제해야 합니다.

현대 경제 연구원은 2018년 한 해 동안 미세 먼지로 우리나라에 4조 원이 넘는 손실이 발생했다고 발표했습니다.[10] 미세 먼지가 단순히 실외 활동을 못 하는 불편함의 문제가 아니라는 뜻입니다. 연구 결과가 아니더라도 지금 삶의 방식이 문제라는 증거는 많습니다. 2020년에 인도 뉴델리의 상징인 '인디아 게이트'를 찍은 사진이 화제가 되었습니다. 코로나19가 도시에 퍼지기 전과 후에 찍은 사진을 비교했는데, 코로나19로 경제 활동을 제한하자 노랗던 하늘이 파랗게 제 모습을 찾은 것입니다.

미세 먼지는 산업화의 결과물입니다. 인간이 만들어 낸 문제라면 우리가 해결할 수 있다는 의미이기도 합니다. 이를 위해서는 무엇보다 화석 연료 사용을 반대하는 강력한 사회적 합의가 필요합니다.

코로나19 바이러스 전과 후 달라진 인도의 하늘

네 탓인가
내 탓인가

숨 막히는 미세 먼지로 괴로울 때마다 이 현상이 어느 나라의 탓인지 치열한 공방이 벌어지곤 합니다. 우리가 마시는 미세 먼지가 국내에서만 발생하는 게 아니기 때문입니다. 그래서 얼마나 많은 미세 먼지가 국경을 오가는지 알기 위해 한국과 중국, 그리고 일본의 과학자들이 공동 연구를 진행했습니다. 2017년도 자료를 토대로 각 나라가 초미세 먼지 발생에 어느 정도 영향을 끼치는지 분석했습니다. 그 결과 세 나라뿐 아니라 러시아, 몽골 등에서 만들어진 초미세 먼지가 자유롭게 국경을 넘나들고 있었습니다.

육지는 선을 그어 국경을 정할 수 있지만 국경이 공기 흐름마저 막을 수는 없습니다. 지구상의 모든 국가가 대기를 통해 연결되어 있다 보니 세계 곳곳에서 대기 오염을 둘러싼 갈등이 일어나고는 합니다. 이렇게 국가 사이에 일어난 분쟁은 어떻게 해결할 수

한국, 중국, 일본이 주고받는 초미세 먼지의 영향

● 한국의 기여도
● 일본의 기여도
● 중국의 기여도
○ 기타

한국 51
15
2
32

32

2

8

2

중국 91
6
2
1

일본 55
8
12
25

1

25

출처: 「Summary Report of the 4th Stage(2013~2017) LTP Project」(2019)

있을까요?

'분쟁'이라고 하면 법적 소송이 떠오르겠지만 환경 문제를 국가 간 소송으로 해결한 사례는 찾아보기 어렵습니다. 이보다 가능성 있는 방법은 이해 당사자인 두 나라가 서로 합의하여 믿을 만한 기관에 중재 재판을 요청하는 것입니다. 실제로 대기 오염으로 미국과 캐나다가 중재 재판을 요청한 사례가 있습니다.

1941년 미국 워싱턴주에 날벼락 같은 일이 벌어졌습니다. 울창했던 나무가 죽고 농작물이 제대로 성장하지 않은 것입니다. 미국은 국경을 맞대고 있는 캐나다 브리티시컬럼비아주에 있는 제련소에서 날아온 대기 오염 물질 때문이라고 주장했습니다. 중재 재판소는 피해 증거가 명확하고 캐나다는 자국 영토라 해도 이를 다른 나라에 해를 끼치는 방식으로 사용할 권리가 없다며 미국의 손을 들어 줬습니다.

하지만 이렇게 중재 재판까지 가는 경우는 많지 않습니다. 환경 분쟁이 일어나면 대개 오염을 발생시킨 나라는 잘못을 인정하기보다 그로 인해 손해 볼까 두려워 문제를 회피하려 듭니다. 그리고 두 나라 중 한쪽이 거부하면 중재 재판을 요청할 수 없습니다.

그렇기 때문에 중재 재판보다 현실적인 방법은 여러 나라가 협력하여 합의점을 찾는 것입니다. 이해관계가 다른 나라끼리 어떻게 협력할 수 있을까요? 이는 유럽 사례를 통해 살펴볼 수 있습니다. 제2차 세계 대전이 끝난 뒤 갑자기 스웨덴의 울창했던 숲이 줄어들고 호수에 살던 물고기가 사라졌습니다. 호수가 오염돼 산성으로 변한 탓입니다. 스웨덴 과학자인 스반테 오덴은 재앙의 원인이 산성비라는 사실을 밝혀냈습니다. 영국과 독일이 경제 발전 과정에서 대기 오염 물질을 뿜어냈고 이것이 북쪽으로 이동해 수증기와 만나 스웨덴에 산성비를 뿌린 것입니다.

영국과 독일은 연구 결과를 부정했습니다. 하지만 스웨덴은 포기하지 않고 국제회의에서 과학적 증거를 내밀며 다른 유럽 국가들의 관심을 끌어냈습니다. 결국 한 나라의 대기 오염이 다른 나라에 어떤 영향을 주는지를 알아보는 공동 연구가 경제 협력 개발 기구 주도로 진행되었습니다. 그리고 한 나라의 대기 오염이 주변 국가 환경에 부정적인 영향을 끼친다는 사실이 밝혀졌습니다. 명백한 과학적 증거를 바탕으로 주변국의 질책이 이어지자, 영국과 독일도 태도를 바꾸었습니다. 마침내 1979년, 대기 오염 물질을 줄이겠다는 협약이 만들어졌고 뜻을 같이한 34개 나라가 여기에 서명했습니다. 이것이 바로 '월경성 장거리 이동 대기 오염 물질에 관한 협약'입니다. 그 뒤로 가입국은 50곳 이상으로 늘었습니다.[11]

여기서 눈여겨봐야 할 점은 여러 나라가 협력하여 목표를 이루어 낸 과정입니다. 유럽 국가들은 협약을 통해 큰 틀에 대한 합의를 이루었고 구체적인 내용은 의정서를 만들어 협의해 나갔습니다. 1984년부터 1999년까지 8개의 의정서를 체결하며 어떤 오염 물질을 얼마나 감축할지 목표를 추가했습니다.[12] 이를테면, 2012년도에는 초미세 먼지 배출 한도를 정했습니다. 처음에는 자발성에 기대는 느슨한 합의였지만 추후 세부 목표를 세우고 이를 차근차근 달성해 나가면서 협력 강도를 높여 나갔습니다.

유럽처럼 여러 나라가 아닌 두 나라가 상호 합의를 이루어 문제 해결에 도달한 사례도 있습니다. 1970년, 미국 공업 지역에서 내뿜은 대기 오염 물질이 북쪽으로 날아갔고, 이것의 영향으로 캐나다에 산성비가 내렸습니다. 이번에는 미국이 캐나다에 피해를 주며 두 나라의 처지가 바뀐 것입니다. 캐나다가 문제를 제기했지만 미국은 잘못을 인정하기보다 발뺌하기 급급했습니다. 캐나다가 끈질기게 사안을 공론화하고 과학적 증거를 제시하자 결국 미국이 문제에 대한 책임을 인정하며 1991년 미국과 캐나다 사이 '대기질 협정'이 체결되었습니다. 이 협정으로 두 나라는 오염 물질을 얼마나 감축할지 목표를 정하고 정보를 공유하자는 데 합의했습니다. 이 협정에서 한 가지 더 주목할 점은 나라 간 분쟁을 해결할 방법 또한 논의했다는 것입니다. 만약 두 나라 간에 갈등이 심해져 교섭으로 문제가 해결되지 않는다면 재판을 받도록 제도적 기반을 마련해 놓았습니다.

유럽과 북미 사례에는 공통점이 있습니다. 책임을 인정하지 않는 나라를 협상 테이블에 앉히기 위해 피해국이 끊임없이 노력했다는 것입니다. 과학적 증거를 내밀어 상대 국가가 문제를 회피하지 못하게 만들되 협약을 체결하여 함께 노력하는 방법을 택했습니다. 대기 오염 물질을 줄이자는 합의를 이룬 뒤에는 감축 목표와 달성 기한을 정했고, 이에 대한 정보를 교류하며 대기 오염에 관한 연구를 어떻게 진행할지 구체적으로 협의해 나갔습니다. 무엇보다 서로 약속을 지키며 신뢰를 쌓아 갔습니다.

어느 나라든 이웃 나라와의 관계가 중요합니다. 지리적으로 가까이 있으니 싫든 좋든 영향을 주고받을 수밖에 없습니다. 이웃

나라와 갈등이 생겼을 때 경제 발전을 이유로 문제를 외면할지, 비난하고 질책하며 상대가 언젠가는 변하기를 기다릴지, 과학적 증거로 설득할지, 적극적인 협력을 이끌어 문제를 해결할지, 우리 앞에는 다양한 선택지가 있습니다. 이제 우리나라를 비롯한 동북아시아 지역 국가들도 함께 맞닥뜨린 미세 먼지 문제를 어떻게 풀어 나가면 좋을지 선택해야 합니다.

미세 먼지로부터
모두를 지키기

우리 건강과 미세 먼지는 떼려야 뗄 수 없는 관계입니다. 대기에 미세 먼지가 많아지면 그만큼 유해 물질에 노출될 확률이 높아집니다. 인간뿐만 아니라 모든 생물이 건강하게 살기 위해서는 맑은 공기가 필요합니다. 실내외 미세 먼지를 줄여 나와 가족, 생태계의 건강을 지켜 주세요.

실내 공기 쾌적하게 만들기

환경부는 쾌적한 실내 공기를 만들기 위해 몇 가지 방법을 권합니다. 아래 방법을 참고하여 우리 집 실내 공기를 바꿔 보세요.

- 미세 먼지가 심한 날에도 1~3분 정도 창문을 열어 환기하기.
- 환기가 끝나면 바닥에 떨어진 먼지를 물걸레로 닦아 내기.
- 요리할 때는 주방 환풍기를 켜고 맞통풍이 불도록 창문 양쪽 모두 열기.
- 가능하면 가스레인지보다는 인덕션과 같은 전기레인지를 사용하기.
- 밀폐된 공간에서 향초나 인센스 스틱을 사용하지 않기.

2

우리 동네 대기 정보 알아보기

대기 오염 정보를 실시간으로 확인하는 방법이 있습니다. 한국 환경 공단이 운영하는 '에어 코리아' 홈페이지를 참고하는 것입니다. 이곳에서 우리 동네 미세 먼지와 초미세 먼지 농도를 확인할 수 있습니다. 대기 오염 물질인 이산화질소, 일산화탄소, 오존, 아황산가스 농도도 함께 알 수 있습니다.

3

우리 지역 미세 먼지 저감 정책 알아보기

지역별 미세 먼지 배출량은 환경부의 '국가 미세 먼지 정보 센터' 홈페이지에서 확인할 수 있습니다. 우리 지역에 미세 먼지가 많다면 지자체에서 실시하는 실내외 미세 먼지 저감 정책을 찾아보고, 원인에 따라 대책이 마련되어 있는지 살펴야 합니다. 만약 부족한 부분이 있다면 지자체 홈페이지의 주민 청원 게시판을 통해 해결책을 마련해 달라고 요청해 주세요. 마지막으로 무분별하게 공기를 오염시키는 사업장을 발견했을 때는 지자체 민원 창구를 통해 신고해 주세요.

03
쓰레기 바로 알기

(?)

(♻)

(!)

우리나라 폐기물 처리 방식에 대한 문제를 읽고 O, X를 표시해 보세요.

◦ 대형 마트는 팔고 남은 식자재를 자선 단체에 기부한다. (   )

◦ 의류 업체는 팔리지 않은 의류를 재활용한다. (   )

◦ 폐플라스틱을 태워서 만든 열에너지는 친환경 에너지다. (   )

◦ 사용하고 남은 약은 일반 쓰레기통에 버려야 한다. (   )

소비로 나를
증명하는 세상

우리는 어린 시절부터 소비하며 감정을 느끼고 나를 알아 갑니다. 선물을 받으면 기쁨을 느끼고, 슬프거나 무서울 때 인형을 껴안으며 위안을 얻고, 옷과 신발을 고르며 취향을 깨닫습니다. 시간이 흘러 소비에 익숙해지면 소비가 일상의 기쁨과 슬픔을 결정합니다. 물건을 사면서 스트레스를 풀고, 진열장에 넣어 둔 물건을 보며 행복을 느끼며, 더 많이 사지 못하는 현실에 좌절하기도 합니다. 소비에 길들면 소비에서 자기 정체성을 찾기도 합니다. 경쟁이 치열한 한정판을 손에 넣어 나와 타인을 구분 짓고, 상품 이미지에 나를 투영하고, 소셜 미디어에 올린 자기 모습에 만족감을 느낍니다.

소비자의 영향력이 커지자 기업의 마케팅 전략도 섬세해지고 있습니다. 인기 있는 상품을 소량 생산하여 소비자의 우월감과 차별 욕구를 자극합니다. 온라인 광고도 더 이상 상품을 무작위로 노출하지 않고 개인의 취향에 맞게 알고리즘을 작동시켜 구미가 당길 만한 상품을 골라 보여 줍니다. 브랜드와 고객의 관계도 달라지고 있습니다. 서로 물건을 사고팔면 끝나는 관계가 아니라 브랜드는 커뮤니티를 만들어 소비자의 지속적인 관심과 참여를 끌어냅니다. 소비자의 변심에도 관대해져 물건을 받아 보고 마음에 안 들면 쉽게 반품할 수 있도록 회사가 배송비를 지원하기도 합니다. 나의 마음을 알아주는 듯한 이런 광고를 계속 보다 보면 무심코 장바구니에 물건을 넣게 됩니다.

날마다 수많은 물건이 세상에 쏟아지지만 모든 상품이 주인을 찾는 것은 아닙니다. 2021년, 세계 최대 온라인 쇼핑몰인 '아마존'이 재고를 처리하는 방식 때문에 도마 위에 올랐습니다. 영국 스코틀랜드에 있는 아마존 물류 창고에서 매주 13만여 개의 상품이 버려진다는 사실이 세상에 알려진 것입니다. 팔리지 않거나 반품된 상품이 오랜 시간 자리를 차지하고 있으면 그만큼 창고 공간이 부족해집니다. 그러면 다른 상품을 채우지 못하거나 임대 공간을 늘려야 해 임대료 부담이 높아집니다. 아마존은 경제적 손해를 줄이고자 선택받지 못한 상품을 폐기했던 것입니다. 논란이 커지자 아마존은 재고를 처리할 다른 방안을 마련하겠다고 발표했습니다.

이와 마찬가지로 식품도 소비자의 선택을 받지 못하면 버려집니다. 대형 마트와 백화점 식품관에는 먹을거리가 넘쳐납니다. 채소와 과일, 육류, 생선 같은 식자재뿐만 아니라, 당일 조리된 음식도 진열되어 있습니다. 식품은 유통 기한이 짧습니다. 짧으면 하루, 길어도 수일 내로 팔아야 하는데 기한 안에 판매되지 못한 상품은 안타깝게도 버려집니다. 프랑스처럼 대형 마트에서 팔고 남은 음식을 자선 단체에 기부하도록 하는 법을 만든 사례도 있지만 대부분의 나라에서는 우리나라처럼 기업의 결정에 맡깁니다. 그리고 기업은 혹시나 기부한 식품 때문에 건강 문제가 생겨 논란이 일까 두려워 주로 폐기하는 쪽을 선택합니다.

현대 사회의 소비와 생산은 많이 만들어 많이 파는 데에만 초점이 맞춰져 있습니다. 생산자와 소비자 모두 남은 상품과 버려진 물건이 어떻게 되는지에는 크게 관심을 기울이지 않습니다. 그 결과 해를 거듭할수록 폐기물이 늘고 있습니다. 2020년 한 해 동안 우리나라에서 1억 9,500만 톤이 넘는 폐기물이 나왔습니다.[1] 더러운 쓰레기는 우리 시야 바깥으로 보내져 잊힐 뿐, 저절로 사라지는 것은 아닙니다. 그렇다면 버려진 쓰레기는 어디에서, 어떤 최후를 맞게 될까요?

돌고 도는
쓰레기

2018년, 우리나라에 난데없는 폐플라스틱 대란이 일어났습니다. 그간 아파트 단지의 재활용 쓰레기를 수거해 오던 민간 재활용 업체가 돌연 수거를 거부한 것입니다. 업체는 아파트에 돈을 주고 재활용품을 사들인 후 이를 되팔아 수익을 남깁니다. 분리 배출함에 담긴 모든 폐품을 가져가지만 이 가운데 돈이 되는 것은 폐지뿐입니다. 폐지를 판매해 벌어들인 수익으로 다른 재활용품 수거로 생긴 적자를 메우곤 하는데, 갑자기 폐지 가격이 폭락하자 재활용품을 가져갈 이유가 사라진 것입니다.

이는 어느 정도 예견된 일이었습니다. 그 당시 전 세계에서 폐기물을 가장 많이 수입하던 나라가 중국이었습니다. 그런데 2017년, 중국이 환경 오염을 막기 위해 이듬해 1월 1일부터 고체 폐기물 수입을 중단하겠다고 발표한 것입니다. 여기에는 폐플라스틱, 분류되지 않은 폐지 등 24종의 폐기물이 포함되어 있었습니다. 수요가 감소하면 가격이 하락하기 마련입니다. 중국이 분류되지 않은 폐지의 수입을 중단하자 국제 폐지 가격이 내려갔고 당연히 국내 폐지 가격도 함께 떨어졌습니다. 무엇보다 큰 문제는 폐기물을 수출할 다른 나라를 찾아야 한다는 것이었습니다.

갈 곳을 잃은 폐기물이 엄청난 혼란을 일으켰습니다. 일부 국내 업체는 필리핀으로 눈을 돌렸습니다. 필리핀에 재활용이 가능한 폐플라스틱이라고 신고한 뒤 수출 허가를 받았습니다. 하지만 우리나라 업체가 보낸 컨테이너에는 일반 쓰레기가 섞여 있었습니다. 한국이 필리핀에 쓰레기를 보냈다는 사실이 알려지자 이는 곧 외교 문제로 번졌습니다. 우리나라가 국제 환경 협약인 '바젤 협약'을 위반했기 때문입니다. 바젤 협약은 유해 폐기물을 다른 나라에 수출하는 것을 금지한다는 내용입니다. 결국 우리 정부는 필리핀 정부와 협의한 뒤 폐기물 수천 톤을 다시 가져왔습니다.

중국의 결정은 우리나라뿐 아니라 다른 많은 선진국에도 영향을 끼쳤습니다. 중국을 대신할 만한 나라를 찾으려 했지만 좀처럼 쉽지 않았습니다. 말레이시아, 인도네시아, 스리랑카도 폐기물을 받지 않겠다고 선언하며 단호한 태도를 보였습니다. 개발 도상국이 다른 나라의 폐기물을 수입하는 이유는 재활용을 통해 새로운 물건을 만들기 위해서입니다. 폐기물은 원자재보다 저렴해 생산비를 아낄 수 있습니다. 다만 폐품을 재활용하기 위해서는 세 가지 조건을 충족해야 합니다. 한 가지 재질의 원료여야 하고, 이물질이 없는 깨끗한 상태여야 하며, 재질별로 분류되어 있어야 합니다. 예를 들어 플라스틱 용기라면 용기에 색이 없어야 하고 붙은 스티커나 새겨진 로고, 묻어 있는 음식물도 없어야 합니다. 마지막으로 같은 재질의 플라스틱끼리 있어야 재활용할 수 있습니다.

하지만 동네 분리 배출함만 들여다봐도 상태가 제각각입니다. 만약 이를 그대로 수거해 수출하면 어떤 일이 벌어질까요? 수입한 나라에서는 폐기물 더미를 풀어헤쳐 상태를 보고, 재활용할 수 있는 것과 없는 것을 다시 나눠야 합니다. 그다음에는 재질별로 재분류하고 깨끗이 씻어야 합니다. 이런 과정을 거치면 품이 많이 들어 생산비가 커질 수밖에 없습니다. 그뿐 아니라 재활용할 수 없는 것들은 일반 쓰레기가 되어 수입한 나라의 환경을 해치고, 쓰레기에 딸려 온 유해 물질은 노동자의 건강을 위협합니다. 장점이 줄어들고 단점이 커지면 결정은 바뀔 수밖에 없습니다. 개발 도상국으로서는 폐기물로 얻는 이득보다 손해가 커지면 수입을 거부하는 게 현명한 결정입니다.

경제 협력 개발 기구의 발표에 따르면, 세계 폐플라스틱 중 실제로 재활용되는 비율은 9퍼센트밖에 되지 않습니다. 절반은 땅에 묻히고, 19퍼센트는 태워지고, 나머지 22퍼센트는 어딘가에 불법으로 버려집니다.[2] 세계적으로 쓰레기 대란이 일어난 근본적인 원인은 중국이 수입을 거부했기 때문이 아니라 재활용이 어려운 폐기물이 너무 많기 때문입니다.

재활용이 어려운 제품

플라스틱 장난감, 영수증
복합 재질로 만들어져 있어요.

스티커, 점착 메모지
종이와 접착성 물질이 섞여 있어요.

형광색 페트병
색소가 들어 있어 품질이 떨어져요.

스티커가 붙어 있거나 로고 박힌 용기
스티커나 로고를 제거해야 해요.

음식물 묻은 용기
이물질이 묻어 있어요.

부드러운 플라스틱 제품
폴리 염화 비닐(PVC)은
재활용이 불가능해요.

출처: 「재활용 분리 배출 가이드라인」(환경부, 2023)

어디에 묻고
태울 것인가

2018년, 영국의 명품 브랜드인 '버버리'가 팔리지 않은 상품을 모두 소각해 왔다는 사실이 밝혀졌습니다. 재고가 시장에 풀리면 싼값에 거래되어 명품이라는 브랜드 이미지가 훼손되기 때문에 태운 것입니다. 버버리가 2013년부터 5년간 소각한 의류, 액세서리, 향수의 가치를 돈으로 환산하면 1,300억 원이 넘었습니다. 논란이 커지자 버버리는 그제야 소각을 중단하겠다고 발표했습니다. 가격표가 달린 새 상품을 불에 태운다니 소비자로서는 당혹스러우나, 사실 남은 상품을 소각하는 것은 패션 업계의 오랜 관행입니다. 국내에서도 공식 매장과 할인 매장에서 선택받지 못한 상품은 소각장으로 향합니다. 재고를 기부하거나 업사이클 하는 사례가 있기는 하지만 그리 많지 않습니다.

소각은 폐기물을 처리하는 고전적인 방법입니다. 폐기물의 부피와 양을 줄이는 데 이보다 더 간편한 해결책은 없습니다. 그래서 일까요? 우리나라만 해도 2023년 기준으로 무려 183개의 소각장이 있습니다. 그렇지만 소각은 장점만큼이나 단점도 명확합니다. 물건이 불타는 과정에서 나오는 각종 유해 물질이 대기를 오염시키고 우리 건강을 해칠 수 있습니다. 대표적으로 1급 발암 물질인 다이옥신이 분출됩니다. 소각장 노동자가 사망하는 주요 원인으로도 체내에 쌓인 다이옥신이 지목되고 있습니다. 폐기물을 어쩔 수 없이 태워야 한다면 소각이 안전한 방식으로 이루어지는지 철저히 점검해야 합니다.

폐기물을 처리하는 또 다른 방법은 매립입니다. 하지만 이 방법도 그리 지속 가능하지는 않습니다. 우리나라 전역에 있는 매립장이 포화 상태에 이르렀기 때문입니다. 쓰레기를 묻을 공간이 부족하다는 소식은 지역 갈등의 신호탄이 되었습니다. 주목할 것은 전국에 200개가 넘는 쓰레기 매립장이 있지만 서울에는 단 하나도 없다는 사실입니다. 1980년대 후반, 서울 난지도 매립지가 꽉 차자 경기도와 인천을 가로지르는 땅에 수도권 매립지를 조성했습니다. 이 가운데 제1 매립장과 제2 매립장은 폐기물이 꽉 차 사용이 끝났고, 현재는 인천에 있는 제3 매립장을 사용하고 있습니다. 서울시, 인천시, 경기도의 폐기물이 이곳에 모이니 인천 시민들의 불만은 커지고 있습니다. 다른 지역 쓰레기가 자기 지역을 오염시키는 일을 더는 두고 볼 수 없다는 것입니다.

매립장과 소각장이 부족하다고 해서 이를 늘리기란 쉬운 일이 아닙니다. 잘 알려져 있다시피 지역 주민들이 꺼리는 시설이기 때문에 새로운 부지를 찾기가 어렵습니다. 매립장과 소각장이 우리 동네에 들어온다고 하면 주민들은 환경 오염에 대한 걱정에 휩싸이게 됩니다. 예를 들어 쓰레기를 땅에 묻으면 부패하는 과정에서 유해 가스와 오염된 액체가 나옵니다. 제대로 관리하지 않으면 이 때문에 악취가 나기도 하고 토양과 지하수가 오염되기도 합니다.

지역 주민을 설득하기 위해서는 지자체가 엄격하게 관리하는 모습을 보여야 합니다. 하지만 전국 곳곳에서 석연치 않은 사건이 벌어지니 시민들은 불안할 따름입니다. 이를테면 경남에서는 산업 폐기물 소각장 선정 과정에서 환경 영향 평가 서류가 빠졌다는 사실이 뒤늦게 알려졌고, 제주도에서는 환경 영향 평가를 받지 않은 음식물 쓰레기 처리 시설이 버젓이 운영되고 있었습니다. 충북에서는 소각장을 운영하는 업체와 환경 영향 평가를 하는 업체가 같은 회사에 속해 있다는 사실이 밝혀지면서 환경 영향 평가에 대한 형평성과 신뢰도에 물음표가 달렸습니다.

지금의 법과 제도는 자본의 자유에 관대하고 환경에 야박합니다. 쓰레기를 종량제 봉투에 넣으면 대가를 지불한 정당한 행위라고 생각하는 것 같습니다. 그 결과 기업은 재활용에 대한 고민 없이 원하는 물건을 생산하고, 가치가 떨어졌다는 이유로 새 상품을 버려도 제재를 받지 않습니다. 지자체는 폐기물 관리가 지역 경제 발전과 무관하다고 생각하기에 열과 성을 다하지 않습니다. 깨끗한 환경을 만들기 위해서는 엄격한 법과 제도, 꼼꼼한 관리와 감시를 통해 기업이 누리는 자유만큼 사회적 책임을 다하고 있는지 이제는 물어야 합니다.

폐기물을
연료로 사용한다고?

2019년, 미국 방송사 시엔엔(CNN)이 경상북도 의성군을 취재했습니다. 고즈넉한 풍경이 보도될 것이라는 예상과 달리, 논밭 한가운데에 우뚝 솟아 있는 거대한 쓰레기 더미가 전 세계에 알려져 충격을 줬습니다. 20만 8,000톤의 폐기물이 방치되어 '쓰레기 산'을 이룬 것입니다. 코를 찌르는 악취는 물론이고, 쓰레기가 부패하면서 나온 가스가 수시로 화재를 일으켜 주민들을 고통스럽게 했습니다.

국제적인 망신을 샀던 쓰레기 산은 7년이 걸릴 거라던 예측과 달리 20개월 만에 처리되었습니다. 일정을 당길 수 있었던 배경에는 시멘트 업계의 협조가 있었습니다. 시멘트를 만들려면 소성로에 원료를 넣고 고온으로 구워야 하는데, 시멘트 업계는 쓰레기 산의 폐기물 중 45퍼센트에 해당하는 폐플라스틱을 태워 여기에 필요한 열에너지를 얻었습니다. 그리고 나머지 20퍼센트는 매립,

경북 의성군의 '쓰레기 산'

10퍼센트는 소각, 25퍼센트는 재활용했습니다. 얼핏 듣기에는 굉장히 잘 해결된 것 같지만 이를 두고 격렬한 공방이 벌어졌습니다. 어째서일까요?

폐기물을 활용해 만든 재생 에너지를 폐기물 에너지라고 합니다. 국제 에너지 기구는 폐기물을 생물학적 분해가 가능한 '재생 폐기물'과 불가능한 '비재생 폐기물', 두 가지로 구분합니다. 여기서 재생 폐기물로 만든 에너지만 재생 에너지로 인정하고 있습니다. 다시 말해 썩지 않는 폐플라스틱을 태워 만든 에너지는 재생 에너지가 아닙니다.

여기에 더해 느슨한 환경 규제도 문제가 됐습니다. 폐기물을 태울 때는 그 장소가 어디든 유해 물질 배출에 엄격한 기준을 적용해야 합니다. 이를테면 질소산화물은 대기를 오염시키는 대표적인 물질인데, 시멘트 소성로의 질소산화물 배출 기준은 소각장에 비해 느슨합니다. 그런데도 의성 쓰레기 산 처리 과정처럼 시멘트 공장에서 폐기물을 태워 연료로 사용하는 사례가 늘어나면서 우려의 목소리가 커지고 있습니다. 소각은 쓰레기를 한꺼번에 치울 수 있는 가장 손쉬운 방법입니다. 하지만 쓰레기를 연소해 유해 물질이 대기로 흩어지면 또 다른 문제가 발생합니다.

폐기물 문제의 해결책이 무엇인지는 모두가 알고 있습니다. 깨끗한 환경을 만드는 가장 좋은 방법은 폐기물을 최대한 줄이고, 어쩔 수 없이 발생한 폐기물은 재활용하는 것입니다. 인간이 화학적인 방법으로 변형한 물질은 썩지 않아 자연으로 돌아가지 않습니다. '나 하나쯤이야.', '우리 학교, 우리 회사 한 군데쯤이야.'라는 안일한 사고를 멈추고 지금부터 지속 가능한 소비와 생산 방법을 찾아야 합니다.

약도 결국엔
쓰레기다

우리나라에서 성공한 괴수 영화를 꼽는다면 천만 관객을 동원한 「괴물」(2006)이 빠질 수 없습니다. 영화는 따사로운 햇살이 내리쬐는 대낮, 한강에 나타난 괴물을 비추며 시작부터 관객의 예상을 뒤엎습니다. 여기서 흥미로운 점은 이 괴물이 탄생하게 된 원인입니다. 하수구에 버린 화학 물질이 한강으로 흘러가 돌연변이 괴물을 만들어 낸 것입니다.

화학 물질이라고 하면 살충제나 제초제를 떠올리기 쉽지만, 의약품도 화학 물질입니다. 바르다 놔둔 연고, 먹다 만 알약, 물약, 가루약, 상비약까지 집마다 한 가지 이상의 약이 있을 겁니다. 약의 유통 기한은 대개 1년으로 시간이 지나면 쓰레기가 됩니다. 보통 쓰레기를 버릴 때는 재활용이 가능한지, 일반 쓰레기인지, 음식물 쓰레기인지, 지정된 장소에 버려야 하는 위험 물질인지 구분해야 합니다. 그렇다면 약은 어디에 속할까요?

건강 보험 심사 평가원에서 시민 1,500여 명에게 남은 약을 어떻게 처리할 계획인지 물었습니다. 응답자의 55퍼센트가 쓰레기통이나 하수구, 변기에 버리겠다고 답했고, 36퍼센트는 나중을 위해 남겨 둔다고 했습니다. 가까운 사람들에게 나눠 주겠다는 응답도 일부 있었습니다. 폐의약품은 약국이나 보건소, 주민 센터에 마련된 수거함에 넣어야 합니다. 하지만 이렇게 하겠다고 답한 사람은 8퍼센트에 불과했습니다.[3]

폐의약품도 다른 쓰레기와 마찬가지로 생태계를 위험에 빠뜨릴 수 있습니다. 피임약 성분이 호수로 흘러 들어가면 물고기 번식을 막을 수 있고, 신경 안정제 성분은 어류의 행동을 변화시켜 번식에 부정적인 영향을 끼칠 수 있습니다. 이미 전 세계 하천에서 다양한 약물이 검출되고 있습니다. 우리나라도 2005년에 한강, 낙동강, 영산강 등 주요 하천을 조사한 적이 있습니다. 역시나 강물에서 소염 진통제, 해열 진통제, 콜레스테롤 저하제 등의 약물 성분이 검출되었습니다. 특히 한강에서는 소염 진통제인 디클로페낙 농도가 다른 나라에 비해 8배나 높게 나왔습니다.[4]

약품은 주로 개발과 분배에 초점이 맞춰져 있어 버려지는 약은 정부의 관심 밖입니다. 그렇다 보니 폐의약품 처리에 대한 정보도 많지 않을뿐더러 검색해도 명확한 답을 주는 온라인 창구가 없습니다. 폐의약품 문제는 어떻게 해결해야 할까요?

먼저 중앙 정부는 시민과 지자체의 참여를 독려해야 합니다.

단일 창구를 만들어 폐의약품을 수거하고, 처리하는 방법을 안내해야 합니다. 동시에 지역별 수거량을 공개하고 의약품 분출을 적극적으로 홍보해서 인식을 높여야 합니다. 또한 마약류 의약품을 안전하게 수거하고 처리하는 방안을 연구해 지자체가 곧바로 수행할 수 있도록 지침을 제공해야 합니다.

지자체는 조례를 제정해 폐의약품을 누가 언제 어디에서 수거하고 처리할 것인지 구체적인 방안을 마련하고 여기에 필요한 예산을 책정해야 합니다. 지금은 지자체에 관련 조례가 없거나 있어도 유명무실한 곳이 많습니다. 더 나아가 '폐의약품 버리는 날'과 같은 행사를 열어 시민들에게 일상에서 실천할 기회를 제공해야 합니다. 쓰레기 처리는 습관처럼 몸에 배면 참여율이 올라가기 마련입니다.

마지막으로 제약 회사는 약이 생태계에 해가 되지 않도록 사회적 책임을 다해야 합니다. 폐의약품 수거와 처리에 드는 비용을 함께 부담하고, 폐의약품 버리는 방법을 약통에 기재해 소비자들에게 올바른 정보를 제공해야 합니다.

이 모든 것이 원활하게 이루어지려면 무엇보다 시민들이 필요성을 느끼고 중앙 정부와 지자체, 제약 회사에 함께 노력해 달라고 적극적으로 요청해야 합니다. 생태계는 이유 없이 변하지 않습니다. 생태계가 괴물이 되지 않도록 막으려면 폐의약품을 안전하게 처리해야 합니다.

친환경과
그린 워싱을 구분하자

2021년, 국내외 글로벌 기업들의 관심을 집중시킨 키워드가 있습니다. 바로 'ESG'입니다. ESG는 환경(Environmental), 사회(Social), 지배 구조(Governance)의 약자로, 기업의 가치를 평가하는 새로운 기준입니다. 기업은 성장하려면 투자를 받아야 합니다. 과거 투자자들은 기업이 재정을 안정적으로 운영하는지, 어떤 사업 계획을 갖고 있는지 등을 보고 투자를 결정했습니다. 하지만 앞으로는 환경을 보호하고 사회에 해를 끼치지 않으면서 탄탄한 경영 구조까지 갖춘 기업, 즉 ESG 경영을 펼치는 기업에 투자하겠다고 이야기합니다.

환경이 중요한 가치로 떠오르자, 다국적 기업들은 발 빠르게 친환경 제품을 시장에 내놓으며 '녹색 기업'이라는 이미지를 만들어 가고 있습니다. 기업의 이런 변화는 달가운 소식이지만 진짜 친환경적인지 따져 볼 필요가 있습니다. 최근 환경을 보호하는 척만

하는 '그린 워싱(Green Washing)' 사례가 늘고 있기 때문입니다. 알고 보면 또 다른 문제를 일으키면서, 겉으로는 문제를 해결한 척하는 것이 대표적인 그린 워싱 수법입니다. 그린 워싱에 속지 않으려면 문제의 핵심을 정확히 꿰뚫어야 합니다.

2018년, 세계적인 패스트푸드 체인점인 '맥도날드'가 플라스틱 쓰레기를 줄이겠다며 영국 매장에서 종이 빨대를 제공하기 시작했습니다. 고객들이 종이 빨대가 액체에 닿아 쉽게 흐물흐물해져 불편하다는 의견을 내자 맥도날드는 더 두꺼운 종이로 빨대를 만들었습니다. 하지만 다음 해에 맥도날드 빨대가 종이로 재활용되지 않고 일반 쓰레기통에 버려진다는 사실이 알려져 고객들에게 큰 실망을 안겼습니다. 사용하기는 편리해졌지만 재활용하기는 더욱 어려워진 것입니다.

플라스틱 쓰레기 문제가 심각해지자 여러 기업들이 플라스틱을 종이로 대체하려는 움직임이 보이고 있습니다. 그런데 원료만 바꾸면 문제가 해결되는 걸까요? 플라스틱을 종이로 바꾸면 당연히 그만큼 나무를 더 많이 베어야 합니다. 게다가 종이 역시 음식물에 오염되면 재활용이 안 됩니다. 종이컵 대부분이 일반 쓰레기통에 버려지는 이유도 오염됐기 때문입니다. 올바른 해결책은 불필요한 일회용품 소비를 줄이는 것입니다. 예를 들어 빨대가 없어도 편하게 마실 수 있는 컵을 만들거나, 유리컵에 음료를 마시는 문화를 조성하면 쓰레기도 줄이고 나무도 보호할 수 있습니다.

	그린 워싱 기업이 주로 하는 행동
✓	구체적인 증거를 제시하지 않고 목표만 이야기해요.
✓	아무 설명 없이 '친환경'이라는 표현을 남용해요.
✓	법을 지킨 것인데 이를 마치 자발적으로 친환경적 행동을 한 것처럼 홍보해요.
✓	다른 회사의 상품에 비해 자신들 것이 환경에 덜 해롭다는 식으로 말해요.
✓	인증 기관의 이름을 적지 않고 인증받았다는 듯이 설명해요.
✓	친환경이 아닌데 거짓말로 소비자를 속여요.
✓	기업이 선택한 문제 해결 방법이 다른 문제를 일으켜요.

글로벌 커피 브랜드인 '네스카페'도 그린 워싱 논란에 휩싸였습니다. 네스카페는 일회용 캡슐 커피를 판매하고 있는데 사용한 캡슐을 수거하여 재활용하겠다고 발표하며 모범적인 모습을 보였습니다. 소비자가 커피 캡슐을 재활용 가방에 넣고 문 앞에 걸어 두면 네스카페가 무료로 수거하는 시스템입니다. 커피 캡슐은 일반 캔의 원료인 알루미늄으로 만들어집니다. 많은 이들이 알루미늄을 재활용한다는 네스카페의 정책에 지지를 보냈지만 곧이어 그린 워싱이라는 비판의 목소리가 나왔습니다. 네스카페가 실제로 재활용하는 비율이 얼마나 되는지 밝히지 않았기 때문입니다. 비난이 거

세지자 네스카페는 2019년에 통계를 발표했는데 10개 중 3개만 재활용하고 있다는 사실이 밝혀졌습니다. 이처럼 기업이 구체적인 증거를 제시하지 않고 계획만 앞세워 친환경을 외치는 것도 그린워싱입니다.

이 밖에도 최근 플라스틱 용기를 알루미늄 캔으로 바꾸는 기업이 늘고 있습니다. 이 역시 친환경적인 움직임인지 살펴야 합니다. 알루미늄은 생산 과정에서 온실가스를 많이 배출하는 원료입니다. 2018년도에 알루미늄 생산 과정에서 나온 탄소량이 무려 11억 톤입니다.[5] 알루미늄 캔을 친환경적으로 생산하는 방법은 재활용하는 것입니다. 새롭게 생산할 때보다 에너지를 무려 90~95퍼센트 아낄 수 있기 때문입니다.[6]

개별 기업이 아닌 업계 전체가 논란을 일으킨 사례도 있습니다. 바로 미국의 석유 업계입니다. 온난화의 주범으로 석유가 지목되자 석유 업계는 플라스틱 생산에서 돌파구를 찾고 있습니다. 하지만 상황이 녹록지 않습니다. 2019년, 바젤 협약에 폐플라스틱이 추가되어 폐기물 이동은 더 어려워졌기 때문입니다. 폐플라스틱에 대한 규제가 늘어나고 수입을 꺼리는 국제적인 분위기가 만들어지자 석유 업계는 미국 정부를 대상으로 로비를 벌이고 있습니다. 미국이 개발 도상국과 무역 협상을 할 때 플라스틱 수입을 조건으로 넣도록 말입니다. 이는 2020년, 케냐와의 무역 협상을 앞두고 석유 업계가 미국 무역 협상 대표부에 서한을 보낸 것이 들통나며 알려졌습니다. 서한에는 석유 업계가 다른 아프리카 국가들에 플라스틱을 공급할 수 있도록 케냐가 중심 역할을 해 주기를 기대한다는 내용이 담겨 있었습니다.

환경 전문가들은 이를 플라스틱 수입에 대한 압박이라고 해석합니다. 플라스틱 생산을 늘리려면 폐플라스틱 처리 문제를 해결해야 하는데 미국 석유 업계는 아프리카 국가들이 중국을 대신해 폐플라스틱 수입국이 되길 원한다는 것입니다. 이 때문에 석유 업계가 앞에서는 온실가스를 줄이려고 노력하는 것처럼 홍보하지만 뒤에서는 새로운 플라스틱 쓰레기 배출구를 찾고 있다는 질타가 쏟아졌습니다.

기업이 소비자를 기만하는 일이 계속 벌어지자 이를 규제하려는 움직임도 나타나고 있습니다. 이탈리아에서는 기업의 그린 워싱을 문제 삼는 판례가 나왔습니다. 한 섬유 기업이 '친환경', '자연을 위한 선택', '100퍼센트 재활용 가능' 등의 홍보 문구를 사용했는데 재판부는 기업이 과학적 근거를 제시하지 않아 신뢰가 떨어진다고 판단했습니다. 프랑스도 그린 워싱을 막기 위한 법을 마련했습니다. 만약 기업이 그린 워싱이라고 판결받으면 최대 광고 비용의 80퍼센트에 달하는 벌금을 내거나, 정정한 내용을 방송이나 광고판, 또는 회사 홈페이지에 게시해 소비자들에게 알려야 합니다. 여기에 더해 아무런 근거 없이 '탄소 중립'이라는 문구를 광고에 쓸 수 없게 했습니다.

　　조화로운 사회를 만드는 데 필요한 것은 균형입니다. 자유 역
시 지나치게 억압되거나 제멋대로 커지면 사회에 해가 됩니다. 그
린 워싱은 기업 활동의 자유가 선을 넘어 소비자의 알 권리와 환경
권을 침해한 사례입니다. 그린 워싱을 피하는 일을 개인의 책임으
로 돌리면 기업과 정부는 면죄부를 얻게 됩니다. 이를 엄격히 규제
하는 것이 곧 시민의 권리를 지키는 일입니다.

깨끗한 터전
만들기

쓰레기 문제를 해결하기 위해서는 소비와 생산 방식이 지속 가능하게 바뀌어야 합니다. 먼저 기업은 재활용이 가능한 원료로 물건을 만들어야 합니다. 중앙 정부는 생산과 소비, 폐기물 처리의 전 과정에 필요한 환경 기준을 세우고, 기업과 지자체가 잘 지키는지 감시해야 합니다. 깨끗한 터전을 만들기 위해 생태 시민으로서 할 수 있는 행동을 소개합니다.

소각장과 매립장 환경 감시하기

우리 지역에 있는 소각장과 매립장이 잘 관리되고 있는지 감시해 주세요. 예를 들어 서울 시민은 '서울특별시 자원 회수 시설' 홈페이지에서 시설 주변의 대기와 수질, 다이옥신 측정 결과를 확인할 수 있습니다. 우리 지역의 자원 회수 시설과 매립장에 대한 정보를 찾아보고, 만약 자료가 없다면 지자체에 정보를 공개해 달라고 요청해 주세요.

2

폐의약품 안전하게 처리하기

지자체에서 폐의약품을 안전하게 처리하기 위해서는 조례가 필요합니다. '국가 법령 정보 센터' 홈페이지에서 내가 사는 시·군·구의 이름이 달린 「불용 의약품 등 관리에 관한 조례」가 있는지 찾아보세요. 만약 우리 지역에 조례가 없다면 지자체에 만들어 달라고 제안해 주세요. 조례가 있는 지역은 지자체가 온라인으로 알약과 가루약, 물약, 연고 등 폐의약품 종류에 따른 분리 배출 방법과 수거함 위치를 안내하고 있는지 확인해 주세요. 여기에 더해, 마약류 의약품 분리 배출 방법도 지자체에 꼭 문의해 주세요.

3

환경 보호에 필요한 법과 정책 제안하기

환경을 지키는 법과 정책이 만들어지면 사회 구성원 모두가 깨끗한 환경에서 살 권리를 존중받을 수 있습니다. 폐기물을 줄이고 안전하게 처리하기 위해 우리나라에 필요한 일이 무엇인지 생각해 주세요. 정부에 제안하고 싶은 아이디어가 있다면, 국민 권익 위원회가 운영하는 '국민 생각함' 홈페이지에 글을 남겨 주세요. 시민들의 생각과 아이디어를 정책에 반영하기 위해 만들어진 플랫폼으로 나이에 상관없이 누구나 참여할 수 있습니다.

2부

건강한 환경에서 살 권리

04

빛 공해에서 벗어나기

(?)

(💡)

(!)

여러분이 직접 경험했거나 간접적으로 접한 빛 공해를 표시해 주세요.

- 외부 불빛이 집으로 들어와 수면을 방해받은 적이 있다. ☐
- 길을 걷다가 가로등이나 건물 간판 조명 때문에 눈이 부신 적이 있다. ☐
- 맑은 날에도 밤하늘이 밝아 별을 보지 못한 적이 있다. ☐
- 야간 조명이 농작물을 비춰 수확량이 줄어든 적이 있다. ☐
- 자전거를 타거나 운전할 때 도로변 조명이 강해서 보행자를 보지 못한 적이 있다. ☐

어느 날
밤이 사라졌다

지구 어디를 가든 사람이 있는지 없는지 쉽게 구분하는 방법이 있습니다. 빛이 나오는지 확인하면 됩니다. 해가 쨍쨍한 낮에도 사람이 있는 사무실, 학교, 가게, 집에는 불이 켜져 있습니다. 해 질 무렵부터는 더 많은 빛이 반짝입니다. 가로등이 거리와 공원을 비추고, 건물에 달린 장식 조명과 광고 조명은 현란한 빛으로 손님을 유혹합니다. 자동차 전조등은 도로를 밝히고 집마다 켜진 불은 창밖으로 새어 나옵니다. 이렇게 켜진 수많은 빛은 대기에 흩어져 밤하늘을 환히 밝힙니다. 이처럼 밝은 세상에 살게 된 건 기술의 발전 덕분입니다.

하지만 오롯이 기술만이 현재의 모습을 결정지었다고는 말할 수 없습니다. '어둠보다 빛이 더 좋다.'는 사회적 합의가 있었기에 지금과 같은 세상이 만들어졌을 것입니다. 우리는 왜 밤낮으로 밝은 세상에 살게 되었을까요? 그 이유로 가장 먼저 안전을 꼽습니다. 흔히 어두운 거리를 홀로 걸으면 범죄자의 표적이 될 수 있다고 말합니다. 범죄가 발생한 이유가 인적이 드물어서인지 치안이 불안해서인지 어두워서인지는 정확히 알 수 없지만, 가로등이 있으면 위험에 처했을 때 누군가가 보고 도와줄 수도 있다는 희망을 품게 됩니다.

또 다른 이유로는 빛이 도시의 경쟁력을 높인다는 것입니다. 칠흑같이 어두운 도시는 낙후된 인상을 주지만 밝은 도시는 발전을 상징합니다. 밤거리에 환한 조명만 깔아도 현대적이라는 이미지를 갖게 됩니다. 게다가 꺼지지 않는 조명은 밤이든 새벽이든 사람을 움직이게 만들어 도시를 활기차게 만듭니다.

마지막으로 빛은 공간을 아름답게 만드는 효과가 있습니다. 인공조명은 빛의 크기, 세기, 색, 모양을 자유자재로 바꿀 수 있어서 예술가들의 사랑을 받습니다. 특히 크리스마스가 있는 12월이 되면 건물을 감싼 수백 개의 전구가 시민들의 발길을 붙잡습니다. 빛이 만들어 낸 작품 앞에 서 있으면 마치 동화 속에 들어온 듯한 착각에 빠지곤 합니다. 이렇게 밤을 수놓은 불빛은 도시의 삭막함을 밀어내고 그 자리를 아름다움으로 물들입니다.

그런데 역사를 거슬러 올라가면 인공조명, 그러니까 인간이 기술로 만들어 낸 빛에 대한 의견이 분분했습니다. 18세기 프랑스에서만 해도 가로등은 억압적인 공권력의 상징이었습니다. 권력을 거머쥔 지배층이 거리에 가로등을 설치해 어둠 속에서 비밀리에 이루어지는 시민들의 모임을 감시했습니다. 이 때문에 프랑스혁명 당시 시민들은 가로등을 깨부수며 감시와 통제에 저항했습니다. 19세기 독일에서는 가로등이 인간을 나쁜 유혹에 빠뜨린다는 기사가 나오기도 했습니다. 밤을 밝히는 거리의 빛이 사람들을 밤

늦게까지 술집에 드나들게 만들고 도둑이 활동하는 데 도움을 준다는 것입니다.

이제는 상황이 바뀌었습니다. 현대인은 빛에 익숙해져서 밤이 환해야 하는 이유를 애써 설명할 필요가 없습니다. 오히려 빛을 피하는 게 더 어려운 시대가 되었습니다. 밤에 방 안의 불을 모두 꺼도 바깥 불빛이 들어와 눈앞을 밝힙니다. 항상 빛이 있는 삶이란 어떤 의미일까요?

유독 잠들지
못한 이유

짜장면 대 짬뽕, 딱딱한 복숭아 대 물
렁물렁한 복숭아, 탕수육에 소스 부어 먹기 대 찍어 먹기. 이처럼
취향에 따라 선택이 갈리는 문제가 있습니다. 이와 비슷한 질문이
"여름과 겨울 중 평생 한 계절로 살아야 한다면, 어떤 계절을 선택
할 것인가?"입니다. 이 질문을 받으면 저는 한 치의 망설임도 없이
여름을 선택합니다. 숨만 쉬어도 흐르는 땀과 시도 때도 없이 날
아드는 벌레보다 더 견디기 힘든 것이 있기 때문입니다. 다름 아닌
겨울이면 이유 없이 가라앉는 기분입니다. 저는 이상하게도 해가
쨍쨍한 여름에는 넘치던 기운이 겨울만 되면 온데간데없이 사라지
곤 합니다.

저처럼 겨울철에 유독 무기력해진다면 '혹시 내가 계절성 우
울증은 아닌가?'하고 스스로 의심해 보게 됩니다. 계절성 우울증은
햇빛이 적어지는 가을부터 겨울까지 우울감이 생기는 증상으로 우

리 몸속 멜라토닌과 관련 있습니다. 멜라토닌은 우리 눈으로 들어오는 빛의 양에 따라 생체 리듬을 조절하는 호르몬입니다. 낮에는 적게 분비되어 우리를 깨어 있게 하고, 밤에는 많이 나와 수면을 유도합니다. 겨울에는 일조량이 줄어들어 멜라토닌이 증가하는데, 그에 따라 잠이 늘기도 하고 진정 작용이 일어나 기분이 가라앉기도 합니다. 비 오는 날 괜히 울적해지는 이유도 같은 원인입니다. 그렇다면 여기서 의문이 하나 생깁니다. 자연 그대로의 햇빛이 아닌 인공조명을 받을 때도 신체가 반응할까요?

이 질문에 답을 줄 만한 우리나라의 연구가 2016년에 발표됐습니다. 연구진은 인공위성 자료를 바탕으로 경기도에 사는 다양한 연령대의 시민 8,526명을 야간 조명이 강한 지역에 사는 집단과 그렇지 않은 집단으로 나눴습니다. 여기서 야간 조명은 밤에 켜진 인공조명을 뜻합니다. 결과는 무척이나 흥미로웠습니다. 야간 조명이 강한 지역에 사는 사람들은 잠을 더 늦게 자고, 수면 시간도 더 짧았습니다. 수면의 질을 살펴봤을 때도 야간 조명이 강한 지역의 주민은 그렇지 않은 지역의 주민보다 코를 골 확률이 더 높았으며 불면증에 걸릴 위험이 더 컸습니다. 여기에 더해 야간 조명이 강하면 비만이 될 확률이 높아질 수 있다고 나왔습니다.[1]

우리나라뿐 아니라 해외에서도 야간 조명이 건강에 부정적인 영향을 끼친다는 연구 결과가 꾸준히 나오고 있습니다. 그중에서도 수면의 질이 가장 많이 언급됩니다. 인간은 주행성 동물이라 낮에 활동하고 밤에 잠을 자야 하는데, 야간 조명은 이러한 인간의 생체 리듬을 무너뜨리고 멜라토닌 형성을 억제해 수면에 지장을 준다는 것입니다.

주목을 받는 또 다른 질병은 암입니다. 야간 조명이 유방암과 전립선암 발병에 영향을 끼친다는 연구가 잇따라 나오고 있습니다. 이와 관련해 학자들은 여러 가지 가능성을 이야기합니다. 멜라토닌 분비가 줄어든 탓에 에스트로겐 분비가 늘어나 유방암 발병률이 증가했거나 수면의 질이 낮아져 면역력이 떨어졌을 수도 있다는 것입니다.

여기서 중요한 사실은 자연 빛이든 인공조명이든 상관없이 우리 눈으로 들어온 빛에 몸이 반응한다는 것입니다. 실제로 밝은 조명 때문에 피해를 받는다는 민원이 늘고 있습니다. 인공조명의 과도한 빛이 인간과 환경에 피해를 주는 상태를 '빛 공해'라고 합니다. 환경부 자료에 따르면, 2012년에 약 2,800건이었던 빛 공해 민원이 2017년에 약 7,000건으로 증가했습니다. 5년 만에 2배 이상 늘었는데 민원인의 절반 이상이 수면 피해를 호소했습니다.[2] 인공조명이 만들어 낸 과도한 빛이 삶의 질을 떨어뜨리는 것입니다.

밝은 빛이 만든
어두운 미래

농민들의 가장 큰 바람은 한 해 농사를 무사히 마무리 짓는 것입니다. 호시탐탐 농작물을 노리는 병충해를 견디고 긴 무더위를 버틴 뒤 무서운 태풍도 피해야만 풍성한 가을을 맞을 수 있습니다. 하지만 큰 고비를 잘 넘기고도 농사를 망치는 이변이 일어나기도 합니다. 2015년, 경기도의 어느 농민에게 기막힌 일이 일어났습니다. 예년에 비해 콩 수확량이 19퍼센트 줄어들었고, 들깨 수확량은 자그마치 85퍼센트나 떨어진 것입니다. 놀랍게도 농사를 망친 범인은 밭 근처 철도역에 켜져 있는 조명이었습니다. 문제는 이런 일이 전국에서 벌어지고 있다는 사실입니다. 2017년에 접수된 전국 빛 공해 민원 가운데 2위가 농작물 피해일 정도로 농민에게 야간 조명은 큰 골칫거리가 되었습니다. 야간 조명 아래에서 생태계는 어떻게 변하는 걸까요?

식물은 꽃이 피어야 열매를 맺습니다. 그리고 개화 시기는 밤의 길이와 기온에 영향을 받습니다. 낮이 밤보다 길 때 꽃 피우는 식물을 '장일 식물'이라고 하는데 밀, 시금치, 양파와 같은 식물이 여기에 속합니다. 반대로 들깨, 벼, 참깨처럼 낮이 밤보다 짧을 때 개화하는 식물을 '단일 식물'이라고 합니다. 일조량에 상관없이 꽃을 피우는 고추, 옥수수, 토마토와 같은 식물은 '중성 식물'로 분류합니다.

밤의 길이에 따라 달라지는 식물의 개화 시기

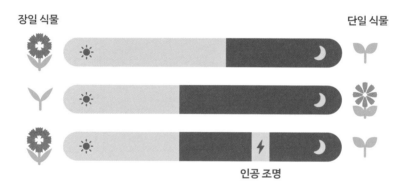

그런데 야간 조명이 밤을 짧게 만들어 개화 시기에 영향을 끼치고 있습니다. 밤에 인공조명을 받는 시간이 길어지면 장일 식물은 꽃을 빨리 피웁니다. 반대로 단일 식물은 야간 조명 때문에 늦게 꽃 피거나 아예 개화하지 않습니다. 일반적으로 농작물 성장에 영향을 끼치는 야간 조명의 밝기는 2럭스(lx)입니다. 이를 넘기면 수확량이 줄어듭니다. 럭스는 빛의 양을 측정하는 단위로, 1럭스는 촛불 1개가 1미터 떨어진 곳에서 1제곱미터의 공간을 비추는 밝기를 뜻합니다.

똑같이 장일 식물 또는 단일 식물에 속하더라도 빛에 영향을 받는 정도는 작물과 품종에 따라 다릅니다. 예를 들어 단일 식물인 들깨는 밤에 20럭스의 빛을 받으면 수확량이 무려 98퍼센트나 감소합니다. 일반 가로등 불빛을 기준으로 했을 때 가로등으로부터 후방 4미터 정도 떨어진 거리에서 받는 빛의 양이 20럭스입니다. 반면에 벼는 상대적으로 빛의 영향을 적게 받는데, 같은 조건에서 수확량이 최대 21퍼센트 줄어듭니다.[3] 확실한 것은 야간 조명이 식물 생장에 부정적인 영향을 끼친다는 사실입니다.

생태계는 다양한 종들이 얽히고설켜 복잡한 관계를 맺고 살아갑니다. 생물 다양성을 보존해야 하는 이유도 종끼리 맺고 있는 관계가 무너지면 생태계가 무너지기 때문입니다. 이런 관계를 잘 보여 주는 것이 먹이 사슬입니다. 식물이 생산자라면 식물을 먹고 사는 초식 동물은 1차 소비자입니다. 대표적인 1차 소비자가 곤충입니다. 학자들은 야간 조명이 곤충의 생장에 어떤 영향을 끼치는지 알아보기 위해 나방을 연구하곤 합니다. 여러 곤충 가운데 나방을 연구하는 까닭은 무척추동물의 60퍼센트 이상이 포식자의 눈을 피해 밤에 활동하는데 대표적인 야행성 곤충이 나방이기 때문입니다. 게다가 나방은 빛으로 몰려드는 성질이 있어 밤에 전등을 켜 놓으면 쉽게 관찰할 수 있습니다.

학자들이 연구한 결과, 야간 조명은 나방의 삶 전반에 영향을 끼쳤습니다. 야간 조명이 있는 곳에서 나방은 먹이를 찾아 돌아다니는 대신 전등 주변을 맴돌았습니다.[4] 문제는 그로 인해 먹이를 먹는 횟수가 줄어든 것입니다. 그러면서 수컷을 유인하는 데 필요한 암컷의 성페로몬 또한 줄었습니다. 이는 짝짓기에 부정적인 영향을 끼쳤습니다. 생존의 위협도 커졌습니다. 나방의 뜨거운 전등에 부딪혀 죽거나, 포식자의 눈에 쉽게 띄어 잡아먹힐 확률이 높아졌습니다.[5] 여기에 더해 야간 조명이 있는 곳에서는 유충의 수가 매우 적었습니다.[6] 야간 조명이 나방의 개체 수를 감소시키는 데 일조한 것입니다.

나방을 징그러워하는 사람들에게는 반가운 소식일지 모르겠으나 생태계에는 위험 신호나 다름없습니다. 나방은 새나 박쥐, 거미, 말벌과 같은 다양한 동물의 먹이이자 나무와 풀 사이를 오가며 꽃가루를 옮기는 매개자입니다. 수분은 낮에는 주행성 동물이, 밤에는 야행성 동물이 합니다. 꽃가루를 옮기는 야행성 동물이 제 할일을 하지 않고 가로등 주변을 맴돌거나 개체 수가 줄어들면 열매가 잘 맺히지 않을 것입니다.

육상 생태계를 지탱하는 생물이 식물과 곤충이라면 해양 생태계에는 군집을 이룬 산호초가 그 역할을 합니다. 산호초의 모양만 보고 산호를 식물이라고 착각는 경우가 많은데, 산호는 동물성 플랑크톤을 잡아먹는 동물입니다. 사실 산호초가 차지하는 면적은 바다의 1퍼센트가 채 안 됩니다. 하지만 해양 생태계에서 없어서는 안 될 중요한 역할을 하고 있습니다. 해양 동물 4마리 중 1마리가 산호초에 보금자리를 틀며 살기 때문입니다. 산호초는 바다의 열대 우림인 셈입니다. 산호의 또 다른 특징은 미세 조류와 공생 관계를 맺고 있다는 것입니다. 미세 조류는 광합성으로 바다에 산소를 제공할 뿐 아니라 산호에 영양분을 공급합니다. 산호는 미세 조류의 안식처가 되어 줍니다.

야간 조명은 이러한 산호에도 부정적인 영향을 끼칩니다. 빛의 밝기가 산호의 산란 과정에 어떤 영향을 미치는지 관찰한 연구가 있습니다. 연구진은 산호를 채취한 뒤 자연광, 노란색 인공조명, 백색 인공조명을 3개월 동안 비추며 난자와 정자의 발달 과정을 관찰했습니다. 그 결과, 빛의 밝기에 따라 세포가 난자와 정자로 발달하는 속도에 큰 차이를 보였습니다. 인공조명 아래에서는 난자와 정자의 발달이 더뎠고 각각의 성장 속도가 달라 산란기에 정상적으로 배출되는 수가 눈에 띄게 적었습니다.[7]

이게 어떤 의미인지 이해하기 위해서는 산호의 번식 과정을 알아야 합니다. 산호의 번식은 조금 특별합니다. 두 가지 방법이 있는데, 난자와 정자가 만나서 수정되는 유성 생식과 수정 과정 없이 이루어지는 무성 생식이 그것입니다. 이 중 유성 생식은 1년에 한 번 밤에 이루어집니다. 산란이 시작되면 산호초에서 수십억 개의 난자와 정자 알갱이가 분출해 마치 바다에 눈이 내리는 것 같은

산란하는 산호

경이로운 장면을 연출합니다. 처음에 흰색이었던 알은 시간이 지나면서 다양한 색으로 바뀌어 바다를 아름답게 수놓습니다. 산호의 난자와 정자는 몇 시간밖에 살지 못해 동시에 뿌려져야 생식에 성공할 확률이 높습니다. 산호가 원활하게 번식하기 위해서는 난자와 정자가 비슷한 속도로 성장해 동시에 배출되어야 하는 것입니다. 이렇게 산호의 산란은 빛에 영향을 받습니다. 그런데 바다를 비추는 야간 조명이 늘어나 밝은 밤이 계속되면 난자와 정자가 배출되는 시간이 어긋나 산호가 번식하기 어려워지게 됩니다.

이 밖에도 알에서 깨어난 새끼 거북이가 인공조명을 따라가는 바람에 바다를 찾지 못해 말라 죽거나 새가 인공조명 때문에 방향을 잃고 건물에 부딪혀 죽는 일이 무수히 일어나고 있습니다. 인공조명이 조류, 파충류, 양서류, 포유류에 악영향을 끼친다는 연구 결과는 수도 없이 많습니다.

생태계는 모두가 각자 자리에서 제 역할을 할 때 균형을 이룹니다. 인간의 눈에 띄지 않고 호감이 가지 않는 생물이라고 해서 가치가 없는 것은 아닙니다. 끝을 모르고 늘어난 인공조명은 밤을 그 어느 때보다 밝게 만들었지만 그만큼 지구의 미래는 점점 더 암울해지는 것 같습니다.

적당한
빛이란?

무엇이든 과하면 탈이 나기 마련입니다. 밤에도 조명이 너무 밝은 탓에 곳곳에서 갈등이 일어나고 있습니다. 광주에서는 아파트 주민들이 야구장 조명탑 때문에 잠을 잘 수 없다며 야구단을 상대로 소송을 제기했습니다. 부산에서는 골프장 조명이 동네를 환히 비춰 인근 주민들이 불면증에 시달렸습니다. 옥외 전광판도 문제입니다. 멀리서도 눈에 띄도록 전광판에 강한 조명을 설치한 탓에 보행자나 운전자가 눈이 부셔 앞을 제대로 보지 못하는 일이 벌어집니다. 번쩍이는 십자가 불빛이 집 안으로 들어와 잠을 자지 못한 주민이 생겨 교회 십자가가 도마 위에 오르기도 했습니다.

이는 모두 빛이 필요 이상으로 많아서 생긴 문제입니다. 야간 조명은 우리가 저녁에도 문화생활을 즐길 수 있게 돕지만 과하면 타인의 수면을 방해하기도 합니다. 야간 조명이 인간을 위험으로

부터 보호해 주기도 하지만 너무 밝으면 오히려 보행자나 운전자의 안전을 해칩니다. 종교의 자유는 중요한 권리지만 타인을 배려하지 않은 빛은 시민들의 건강한 환경에서 살 권리를 해칩니다. 그렇기에 갈등을 해결하려면 적당한 빛에 대한 명확한 사회적 기준이 필요합니다.

우리나라는 빛 공해 피해를 줄이기 위해 「인공조명에 의한 빛 공해 방지법」을 시행하고 있습니다. 법에 따르면 빛 공해를 방지하기 위한 기본 계획은 중앙 정부가 마련하고 각 지역에 맞는 정책은 지자체에 맡기고 있습니다. 지자체가 빛 공해를 방지하는 방법에는 무엇이 있을까요? 바로 '조명 환경 관리 구역'을 지정하는 것입니다. 사람이 얼마나 살고 있는지에 따라 필요한 빛의 양이 다르기에 지자체에서는 토지를 용도에 따라 1종부터 4종까지 네 구역으로 분류하여 관리하고 있습니다. 1종은 국립 공원과 같은 자연 녹지 지역, 2종은 가축과 농작물을 키우는 생산 녹지 지역, 3종은 주거 지역, 4종은 상업 지역입니다. 조명 환경 관리 구역으로 지정된 곳은 법에 따른 빛 공해 기준이 적용됩니다. 1종부터 4종까지 관리 구역마다 허용 가능한 빛의 양을 조도와 휘도로 표현해 기준을 정해 놓고 있습니다. 조도는 면적에 도달하는 빛의 양이고, 휘도는 우리 눈에 들어오는 빛의 양입니다. 휘도가 높으면 밝게 보이지만 과하면 눈부심이 일어납니다.

조명 환경 관리 구역으로 지정하는 것이 어떤 의미인지 앞서 언급한 광주 야구장 사례로 알아보겠습니다. 야구 구단과 주민 사이 갈등이 심해지자 광주시 보건 환경 연구원은 인근 아파트에 도달하는 야구장 조명탑 빛의 양을 측정했습니다. 그 결과 20럭스를 넘은 곳이 있었습니다. 조명 환경 관리 구역으로 지정된 주거 지역의 조도 기준은 최대 10럭스로, 야구장 조명탑은 기준치의 2배가 넘은 셈입니다. 만약 이 지역이 관리 구역으로 지정되어 있었다면 야구장 인근 주민들은 법의 보호를 받았을 것입니다. 다행히 광주시는 이 갈등을 계기로 광주 전 지역을 조명 환경 관리 구역으로 지정하여 문제를 해결하려는 노력을 보였습니다. 이렇게 빛 공해로부터 시민을 보호할 수 있는 제도가 있지만 안타깝게도 아직 조명 환경 관리 구역을 지정하지 않은 지자체가 있습니다. 또 어떤 지자체는 일부 지역만 조명 환경 관리 구역으로 지정하기도 했습니다. 과도한 빛을 공해로 인식하는 정도가 지역마다 얼마나 다른지 알 수 있는 부분입니다.

여기에 더해, 우리나라의 법적 기준이 빛 공해를 줄이는 데 적절한지 살펴볼 필요가 있습니다. 실제로 우리 기준은 국제 조명 위원회가 제시한 국제 기준에 비해 느슨하다는 평가를 받고 있습니다. 한 예로 조도 허용 기준을 비교해 보면 우리나라는 조명 환경 관리 구역 1~3종의 기준을 10럭스로 동일하게 정해 놓았습니다. 동식물이 사는 숲인지, 논과 밭인지, 사람이 사는 주거 지역인지를 고려하지 않은 채 일괄적으로 똑같은 밝기를 허용한 것입니다.

우리나라의 조도 허용 기준

적용 대상	🌲 1종 자연 녹지	🌾 2종 생산 녹지	🏠 3종 주거 지역	🏬 4종 상업 지역
공간 조명	10럭스			25럭스
적용 시간	해 진 후 60분 ~ 해 뜨기 전 60분			

출처: 「인공조명에 의한 빛 공해 방지법」

이와 달리, 국제 조명 위원회는 토지 용도와 사람의 활동 시간을 고려하여 밝기 기준을 정했습니다. 우리나라처럼 관리 구역을 네 개로 나누었지만 토지 용도에 맞게 필요한 밝기를 더 섬세하게 구분했습니다. 또 사람이 깨어 있는 시간을 소등 전, 사람이 자는 시간을 소등 후로 구분해 시간에 따라 빛의 밝기를 다르게 정해 놓았습니다. 예를 들어 숲은 동식물이 잘 자라도록 밤에는 0.1럭스 이하의 조명만 허용하고 있습니다. 사람이 많이 활동하는 시간에는 상대적으로 밝은 빛을 허용하고, 사람이 잠든 후에는 생태계를 위해 최소한의 빛만 허용하는 것입니다. 빛 공해를 줄이기 위해서는 국제 기준처럼 상황에 맞추어 세심하게 밝기의 기준을 정해야 합니다.

「인공조명에 의한 빛 공해 방지법」에서 또 살펴봐야 할 점은 바로 '예외 조항'입니다. 우리나라에서 십자가 조명 같은 종교 시

국제 조명 위원회의 조도 허용 기준

적용 대상	어두운 지역	약간 밝은 지역	밝은 지역	매우 밝은 지역
소등 전	2럭스	5럭스	10럭스	25럭스
소등 후	0.1럭스 이하	1럭스	2럭스	5럭스

출처: 「Guide on the Limitation of the Effects of Obstructive Light
from Outdoor Lighting Installations, 2nd Edition」(CIE, 2017)

설물은 법적 규제 대상이 아닙니다. 종교의 자유를 존중해 내린 결정이지만 종교 시설물이 인근 주민들이 누려야 할 '건강하고 쾌적한 환경에서 살 권리', 즉 환경권을 침해한다면 문제가 달라집니다. 두 가지 모두 인간의 삶에 없어서는 안 될 중요한 권리이기 때문입니다. 이처럼 가치와 가치가 충돌하는 문제는 사회적 논의가 필요합니다. 이를테면 자유란 어떠한 상황에서도 제한하면 안 되는 신성불가침의 권리인지, 아니면 타인의 안전과 권리를 침해하지 않는 선에서 존중받아야 하는 권리인지 고민해야 합니다. 또한 건강한 사회를 만들기 위해 십자가 조명의 밝기를 조절하는 일이 종교적 가치를 훼손하거나 종교를 탄압하는 행동인지도 생각해 봐야 합니다. 그리고 어떤 권리를 우선으로 둬야 할지 결정한 후 거기에 필요한 조치를 취해야 합니다.

어둠을
수호하라

2016년 『사이언스 어드밴시스』라는 국제 학술지에 전 세계 빛 공해를 측정한 결과가 게재됐습니다. G20 국가 중, 우리나라는 두 번째로 빛 공해가 심했습니다. 은하수가 보이지 않는 국토 면적을 비교했을 때 이탈리아가 90.3퍼센트로 1위, 대한민국이 89.4퍼센트로 2위를 차지한 것입니다. 반면 호주는 은하수를 볼 수 없는 면적이 전체 국토 중 0.9퍼센트에 불과했습니다. 호주 어디를 가든 은하수를 볼 수 있다는 뜻입니다. 빛 공해에 노출된 인구를 비교한 결과도 마찬가지였습니다. 사우디아라비아가 1위, 대한민국이 2위였습니다.

이렇게나 밤이 환해도 정작 우리나라 사람들은 이를 느끼지 못하는 것 같습니다. 가로등을 더 설치해 달라, 가로등 불빛이 노란색이라 밤길이 불안하니 백색으로 바꿔 달라 등 조명 관련 민원이 끊이지 않습니다. 지금보다 밤이 더 밝아지기를 원하는 것입니

세계의 밤은 얼마나 밝을까?

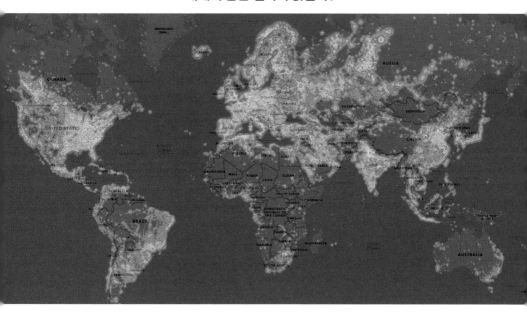

출처: 'World Atlas 2015'(Light Pollution Map)

다. 자꾸 밝아지기만 하는 우리나라, 정말로 괜찮은 걸까요?

빛은 물체가 뜨거워질 때 나오고 그 온도에 따라 색깔이 다르게 보입니다. 온도가 높으면 푸른색을, 낮으면 붉은색을 띱니다. 그래서 온도가 높을수록 빛이 밝아집니다. 온도에 따른 조명색을 알고 싶다면 조명 포장지나 사용 설명서에 적힌 알파벳 'K' 앞의 숫자를 확인하면 됩니다. 이때 K는 온도를 나타내는 단위인 켈빈을 뜻합니다. 노란빛을 띠는 전구색은 보통 3,000켈빈으로 따뜻한 분위기를 연출하기 위해 카페에서 많이 사용합니다. 4,000켈빈 정도의 조명은 흔히 주백색으로 불리며 아이보리 색을 띱니다. 집이나 사무실에서 가장 많이 사용하는 조명은 주로 6,500켈빈으로 청색광이 많아 시원한 느낌을 줍니다.

색의 온도에 따른 조명 밝기

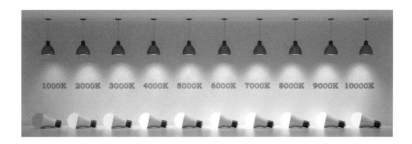

빛은 저마다 파장의 길이가 다른데 파장이 짧을수록 내뿜는 에너지가 커집니다. 빛 공해를 이야기할 때 청색광 조명을 자주 언급하는 이유도 분출하는 에너지가 크기 때문입니다. 일상에서 자주 접하는 청색광 중 하나가 스마트폰 불빛이 뿜어내는 블루라이트입니다. 그래서 잠들기 전에 스마트폰을 오래 사용하면 청색광 영향으로 수면의 질이 떨어지는 것입니다. 생태계를 보호하기 위해서는 청색광처럼 파장이 짧은 빛을 줄여야 합니다. 현재로서는 조명 밝기를 낮추는 것이 가장 쉬운 방법입니다.

지구에는 인간처럼 빛을 좋아하고 낮에 활동하는 생명체만 있는 것이 아닙니다. 낮과 밤은 자연의 섭리로 생태계를 유지하는 기본 질서입니다. 인간에게 밤은 하루의 끝이지만 야행성 동물에게는 하루의 시작입니다. 햇빛보다 달빛의 밝기가 적당하다고 느끼는 생명체도 있고, 달빛이 흐린 캄캄한 밤에 활동하는 생명체도 있습니다. 각각의 생물이 저마다 타고난 성질에 따라 살아갈 때 건강한 생태계가 만들어집니다.

빛을 사용할 때 가장 중요한 원칙은 '필요한 곳에 필요한 양만큼 비추는 것'입니다. 우리 일상에 인공조명이 과하다면 불필요한 빛부터 줄여야 합니다. 그 방법은 다양합니다. 이를테면 길거리 안전을 위해서는 눈부심을 유발하는 강한 조명을 통제하여 균일한 밝기를 만듭니다. 조명에 갓을 씌워 퍼지는 빛을 차단하고 흩어진 빛이 밤하늘을 밝히지 않도록 조명이 아래를 향하게 설치합니다. 늦은 밤에는 실내 조명이 밖으로 새어 나가지 않게 커튼 등으로 차단합니다.

이처럼 빛 공해를 줄이는 방법은 다른 어떤 환경 보호보다 간단합니다. 버튼으로 밝기를 조절하거나 조명을 끄면 됩니다. 누구나 행동에 옮길 수 있는 간단한 일이지만 문제가 해결되지 않는 이유는 일상에서 '적당한 밝기'를 생태계와 건강에 미치는 영향이 아닌 인간의 심리적 안정감을 기준으로 판단하기 때문입니다. 어쩌면 우리에게 필요한 건 더 많은 빛이 아니라 어두운 밤에 대한 고찰일지도 모릅니다.

좋은 빛을
만드는 방법

빛이 새어 나가는 것을 막고 목적에 맞게 필요한 양만큼 사용한다면,
지속 가능한 빛, 건강을 해치지 않는 빛을 만들 수 있습니다. 빛 공해로
부터 나의 권리와 생태계를 지키는 방법을 소개합니다.

실내 밝기 조절하여 건강 지키기

인공조명에 오랜 시간 노출되면 수면에 어려움을 겪을 수 있습니다.
건강한 삶을 위해 불필요한 실내 빛을 줄여 보는 건 어떨까요?

- 우리 집 공간을 노란빛, 아이보리 빛, 하얀빛이 필요한 곳으로
  나누어 보세요. 지금 있는 조명이 공간의 목적에 맞는 밝기인
  지 고민해 보세요. 그리고 적절한 밝기로 조절해 주세요. 예를
  들어 화장실은 노란빛으로도 충분히 활동할 수 있습니다.
- 집중력이 필요한 활동이 아니면 실내 밝기를 줄여 주세요. 예
  를 들어 휴식을 취하는 동안은 조명 밝기를 잠시 낮춰 주세요.
- 잠자리에 눕기 전 조명을 모두 꺼 주세요. 암막 커튼을 쳐서 외
  부 빛을 차단하거나, 실내등을 모두 꺼서 생체 리듬이 깨지지
  않게 해 주세요.

2 빛 공해 갈등 해결하기

바깥에서 실내로 들어오는 조명의 밝기가 공해라고 할 만한 수준인지 개인이 판단하기는 어렵습니다. 전문적인 판단을 원한다면 '빛 공해 간편 측정 서비스'를 신청해 보세요. 서비스 신청은 환경부에서 운영하는 '좋은 빛 정보 센터' 홈페이지에서 할 수 있습니다. 이 밖에도 지자체에 민원을 넣거나, '환경 분쟁 조정 제도'를 이용해 문제를 해결할 수 있습니다. 만약 내가 사는 지역에 야간 조명이 과하다고 생각하면 지자체에 조명 환경 관리 구역을 지정해 달라거나, 정부에 빛 방사 허용 기준을 국제 기준에 맞게 수정해 달라고 요구해 주세요.

3 적당한 밝기에 대해 고민해 보기

지나치게 밝은 빛을 적당한 수준으로 낮추기 위해서는 시민들의 동의가 필요합니다. 이를 위해 주변 사람들과 생각을 나눠 주세요.

- 인간의 불안을 낮추기 위해 밤을 한없이 밝히는 건 옳은 일일까요?
- 우리 동네에 인공조명의 밝기를 낮출 필요가 있는 곳은 어디일까요?
- 지금보다 거리가 어두워진다면 나는 이런 변화를 받아들일 수 있을까요?

05

일상 속 소음 줄이기

여러분이 느끼기에 시끄러운 순서대로 순위를 매겨 보세요.

∘ 피아노 연주 _____

∘ 청소기 소리 _____

∘ 냉장고 소리 _____

∘ 망치질 소리 _____

∘ 아이 뛰는 소리 _____

잠들지 못하는
도시 생활자

아이들은 어느 정도 자라면 자기 방을 갖고 싶어 합니다. 저 역시 어린 시절에 더 넓은 집으로 이사 가길 원했습니다. 제가 살던 집은 안방을 제외하면 남는 방이 하나뿐이라 남동생과 제가 한방을 나눠 써야 했습니다. 동생은 사춘기에 접어들자 거실에서 생활하기 시작했습니다. 그렇게 시간이 흘러 고등학교 3학년을 앞둔 겨울, 그토록 바라던 일이 이루어졌습니다. 조금 더 큰 집으로 이사 가게 된 것입니다. 새로운 집 앞에는 시야를 가리는 건물이 없어 전망이 좋을 거라는 이야기를 나누며 우리 가족은 잔뜩 기대에 부풀었습니다.

처음에는 모든 게 좋았습니다. 동생과 제 물건이 뒤섞여 있던 방에는 제 물건만 놓이게 되었습니다. 생애 처음으로 푹신한 침대에서 잠도 자고, 수험 생활을 앞둔 스트레스가 조금은 사라지는 듯했습니다. 하지만 공원과 호수가 보이는 전망 좋은 아파트에 산다는 기쁨은 오래가지 못했습니다. 일주일도 채 지나지 않아 도로 옆에 산다는 것이 어떤 의미인지 깨달았기 때문입니다. 도시의 밤은 쉬이 잠들지 않아 늦은 시간에도 자동차와 오토바이가 지나갔습니다. 침대에 가만히 누워 있으면 자동차 달리는 소리가 쌩쌩 귓가를 맴돌았습니다. 창문을 꽁꽁 닫아도 불쾌한 소음은 이중창을 뚫고 들어와 잠을 방해했습니다. 도로 소음은 제 마음을 사납게 만들었습니다. 시끄러운 소리를 피해 이제는 제가 거실에서 자는 신세가 되었습니다.

사람이 많은 도시에는 항상 소음이 들립니다. 자동차와 오토바이가 도로를 달리고 전철이 그 옆을 지나갑니다. 하늘에는 비행기가 날아가고 거리에서는 건물을 부수고 짓는 공사 소리가 들립니다. 단독 주택보다는 여러 가구가 함께 사는 공동 주택이 많아지면서 이웃이 만들어 낸 소리도 쉽게 벽을 타고 우리 집으로 넘어옵니다.

교통수단이 발달하고 주거 형태가 달라지는 등 도시를 개발하는 과정에서 소음이 점점 늘어나면서 민원도 증가하고 있습니다. 전국에서 발생하는 소음 관련 민원을 살펴보면 2011년도에 약 5만 6,000건이었던 민원이 2020년에 약 17만 건으로 증가했습니다.[1] 10년 사이에 민원이 3배나 늘어난 것입니다. 우리나라 시민 10명 중 9명이 도시에 사는 지금, 소음은 참고 견뎌야 하는 어쩔 수 없는 문제일까요?

층간 소음
제대로 알기

　　　　　　　　　　인간은 누구나 잠을 자야 합니다. 하지만 요즘 잠을 자기 힘든 밤이 늘고 있습니다. 바로 소음 때문입니다. 막 잠이 들었는데 어디선가 쿵쿵 소리가 들립니다. 이럴 때는 잠깐 들리다 말겠지 하며 참아야 할지, 아니면 이웃을 찾아가 시끄러우니 조심해 달라고 말해야 할지 고민에 빠집니다. 말을 안 하면 잠들지 못해 힘들고, 말하자니 이웃과의 관계가 틀어질까 걱정입니다. 내가 예민한 건지 아니면 정말로 시끄러운 건지 판단하기도 어렵습니다. 그렇다면 수면을 방해하는 소음은 어느 정도일까요?

　　소음의 크기는 데시벨(dB)로 표현합니다. 소리의 세기를 나타내는 단위인데 소리가 클수록 숫자가 커집니다. 우리 수면에 지장을 주는 소음 기준은 40데시벨입니다. 아이가 뛰어다니는 소리와 냉장고 돌아가는 소리가 여기에 해당합니다. 냉장고 옆에서 자면 깊은 잠에 들기 어려운 이유가 이 때문입니다. 이보다 소리가 커져 50데시벨이 넘어가면 호흡과 맥박이 빨라지고, 60데시벨에 도달하면 수면 장애가 시작됩니다. 60데시벨이면 망치질과 맞먹는 소리입니다. 그런데 만약 공동 주택 생활을 하고 있다면 이 중에서도 특히 뛰는 소리, 악기 연주 소리, 망치질 소리처럼 벽과 공기를 타고 이웃집으로 넘어가는 소리에 신경 써야 합니다. 그러지 않으면 층간 소음으로 인해 이웃과 갈등이 생길 수 있습니다.

실내 소음이 수면에 끼치는 영향

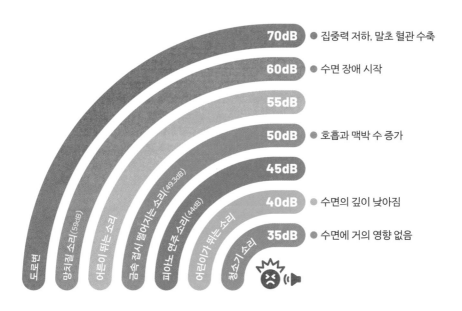

- 70dB ● 집중력 저하, 말초 혈관 수축
- 60dB ● 수면 장애 시작
- 55dB
- 50dB ● 호흡과 맥박 수 증가
- 45dB
- 40dB ● 수면의 깊이 낮아짐
- 35dB ● 수면에 거의 영향 없음

도로변 / 망치질 소리(59dB) / 어른이 뛰는 소리 / 금속 접시 떨어지는 소리(49.3dB) / 피아노 연주 소리(44dB) / 어린이가 뛰는 소리 / 청소기 소리

출처: 「층간 소음 상담 매뉴얼 및 민원 사례집 V」(한국 환경 공단, 2018)

층간 소음 기준을 조금 더 구체적으로 살펴볼까요? 이는 소리가 발생한 시각과 소리의 지속 시간, 소리의 종류에 따라 달라집니다. 소리의 종류에는 뛰는 소리처럼 충격이 가해져 발생하는 '직접 충격음'과 악기 연주처럼 공기를 통해 소음이 전달되는 '공기 전달음'이 있습니다.

소리가 발생한 시각은 낮과 밤으로 구분하는데 먼저 오후 10시부터 오전 6시 사이의 층간 소음 기준부터 알아보겠습니다. 이 시간 동안에는 1분 동안 발생하는 직접 충격음이 평균 38데시벨을 넘으면 층간 소음입니다. 잠깐 나는 소리여도 최고 소음이 52데시벨을 넘으면 층간 소음입니다. 공기 전달음은 5분 동안 평균 40데시벨이 넘으면 층간 소음으로 간주합니다. 이를테면 밤 11시에 1분 이상 아이가 뛰거나(직접 충격음), 5분 이상 피아노를 연주하는(공기 전달음) 행동은 법적으로 층간 소음에 속합니다.

낮이라고 해서 마음껏 소리를 내도 되는 것은 아닙니다. 오전 6시부터 밤 10시까지는 1분 동안 발생하는 직접 충격음이 평균 43데시벨을 넘으면 층간 소음입니다. 잠깐 나는 소리라고 해도 최고 57데시벨을 넘지 않아야 합니다. 이 기준에 따르면 망치질을 낮에 한다고 하더라도 층간 소음이기 때문에 이웃에게 양해를 구하는 것이 좋습니다. 이뿐 아니라 공기 전달음은 5분 동안 평균 45데시벨을 넘으면 안 됩니다.

공동 주택에 입주한다는 것은 수많은 사람이 활동하는 주거 공동체 안에 내가 들어간다는 뜻입니다. 다시 말해 무엇이든 내 마음대로 해도 되는 공간이 아닌, 이웃에 대한 배려와 소통이 필요한 공간을 선택했다는 뜻입니다. 배려는 타인의 상황을 이해하는 것에서부터 시작합니다. 내가 일으킨 소음의 크기가 어느 정도인지, 이 소음이 타인에게 어떤 영향을 미치는지 알아야 타인이 소음으로 느끼는 고통에 공감할 수 있습니다. 또한 층간 소음 문제로 이웃과 소통할 때 각자 느낀 대로 말하면 감정적인 대화로 번질 수 있지만, 소음에 대한 정확한 기준을 알면 자기 행동을 되돌아볼 수 있습니다. 층간 소음을 줄이기 위해서는 먼저 주거 공동체의 일원으로 책임을 다하고 있는지 고민하는 자세가 필요합니다.

잔혹한 소음을
다스리는 법

　　　　　　　　다른 사회 문제와 마찬가지로 층간 소음도 한 가지 방법으로 모든 문제를 해결할 수는 없습니다. 사안마다 갈등의 깊이가 달라 소통과 배려만으로 해결할 수 없는 일도 있습니다. 2021년 3월 광주에서 층간 소음 때문에 흉기로 이웃을 협박하는 일이 벌어졌습니다. 같은 해 4월 서울에서는 평소 층간 소음으로 갈등이 있던 이웃을 길에서 폭행한 사건이 있었습니다. 6월에는 경기도에서 윗집 현관문에 인분을 바르는 일이, 9월에는 여수에서 윗집 부부를 살해하는 사건이, 11월에는 인천에서 이웃에게 흉기를 휘둘러 상해를 입힌 일이 신문 사회면을 장식했습니다. 매년 전국에서 들려오는 층간 소음 관련 사건 소식으로 시민들의 불안이 나날이 높아지고 있습니다.

　　깊어져 가는 갈등에 보복 소음이 일어나기도 합니다. 이웃이 일으킨 소음으로 받은 고통을 이웃에게 고스란히 돌려주기 위해 망치로 천장을 때리거나, 천장에 스피커를 달고 각종 불쾌한 소리를 재생했다는 경험담이 인터넷에 떠돕니다. 하지만 이런 조언을 함부로 따라 했다가는 오히려 자신이 처벌받을 수 있습니다. 고의로 소음을 발생시키는 행동은 폭력에 해당하기 때문입니다.

그렇다면 평화를 깨뜨릴 정도로 심각한 층간 소음은 어떻게 해결해야 할까요? 이웃과 갈등의 골이 깊어져 직접 소통하기 힘들다면 관련 기관에 중재를 요청하면 됩니다. 이런 경우에 이용할 수 있는 대표적인 중재 상담 기관이 '층간 소음 이웃 사이 센터'입니다. 그런데 중재 기관이 나서도 해결되지 않을 때가 있습니다. 이웃이 여러 차례 경고를 받고도 이를 무시할 때는 법적 조치가 필요합니다. 악의적으로 과도한 소음을 일으키면 10만 원 이하의 벌금을 부과할 수 있는데, 사실 그리 강력한 제재는 아닙니다. 그렇기에 더욱 적극적인 대책을 마련해야 한다는 요구가 커지고 있습니다.

문제 해결에 도움이 될 만한 다른 나라의 사례를 한번 살펴보겠습니다. 미국 뉴욕에서는 관리 사무소가 공동 주택의 소음 문제를 중재하는데, 경고가 3회 이상 누적된 주민은 강제로 퇴거시킬 수 있습니다. 독일은 타인의 건강을 해칠 수 있는 소음을 위법으로 간주하고 최대 5,000유로의 벌금을 부과합니다. 우리 돈으로 700만 원이 넘는 액수입니다. 영국은 소음을 반사회적 행위로 보고 오후 11시부터 오전 7시까지 발생하는 야간 소음을 엄격하게 규제하고 있습니다. 사안에 따라 경고와 벌금을 부과하며 심각한 경우에는 법원이 퇴거 명령을 내리기도 합니다.

소음은 인간이 일으키기도 하지만 동물이 내기도 합니다. 최근 반려동물을 가족으로 맞이하는 사람들이 늘면서 동물이 짖는 소리가 갈등의 원인이 되기도 합니다. 하지만 우리나라의 법은 소음을 '기계·기구·시설, 그 밖의 물체 사용' 또는 '사람의 활동'으로 인하여 발생하는 강한 소리로 정의합니다. 이웃집에서 동물 짖는 소리가 시도 때도 없이 들려도 제재할 만한 법적 근거가 없는 것입니다. 이웃 간 소음 갈등을 줄이기 위해서는 사회 변화에 맞게 법 개정이 필요합니다.

하지만 층간 소음은 무엇보다 근본적인 원인을 찾아 해결하는 것이 중요합니다. 층간 소음 갈등의 가장 큰 원인은 성인의 발걸음 소리나 어린이가 뛰는 소리입니다. 바닥에 충격이 가해질 때마다 울림이 고스란히 이웃집에 전달된다는 뜻입니다. 그렇다면 층간 소음을 줄이는 방식으로 공동 주택을 설계해야 합니다.

공동 주택 구조는 천장을 지탱하는 기둥이 있는지 없는지에 따라 벽식 구조와 기둥식 구조로 나뉩니다. 우리나라의 공동 주택은 대부분 벽식 구조로 지어집니다. 벽식 구조는 공사비가 저렴하지만 바닥 진동이 벽을 타고 쉽게 다른 집으로 이동합니다. 쿵쿵대는 소리가 위아래로 전달되어 소음이 어디에서 일어나는지, 어디까지 전달되는지 가늠하기 힘듭니다. 반면 기둥식 구조는 기둥을 세운 뒤에 기둥과 기둥을 잇는 보를 천장에 설치하기 때문에 바닥의 울림이 기둥과 보로 분산되어 층간 소음이 줄어듭니다. 새로 짓는 주택이라면 설계 방식을 기둥식 구조로 바꾸거나 벽식 구조의 단점을 보완할 만한 새로운 건축 방식을 찾아야 합니다.

건물 구조에 따라 다르게 분산되는 충격음

벽식 구조   기둥식 구조

윗집 충격음이 다른 집에 그대로 전해지는 또 다른 원인은 얇은 바닥입니다. 다행히 2014년에 공동 주택 건설 시 바닥 시공 기준이 강화됐지만 그 전에 지어진 공동 주택은 대체로 소음에 취약합니다. 20년이 넘은 오래된 공동 주택이라면 슬리퍼를 신거나 바닥에 매트, 카펫 등을 깔아서 바닥 충격음을 줄이는 개인적인 노력이 필요합니다.

환경 소음을 줄여야
건강을 지킨다

　　　　　　일상을 괴롭히는 소리로 층간 소음만 있는 것은 아닙니다. 도시화와 상업화가 진행되면서 바깥에서 들리는 다양한 소리가 우리 일상을 시끄럽게 만듭니다. 자동차, 오토바이, 지하철, 기차, 비행기 등 각종 교통수단이 내는 소리, 공사장에서 나는 소리, 클럽이나 술집, 콘서트, 스포츠 경기처럼 여가활동으로 발생하는 소리 등 다양한 소음이 우리 주변에 존재합니다. 세계 보건 기구는 이를 '환경 소음'으로 정의합니다.

　　밖에 나가면 어딜 가나 들리는 것이 소리라고 해서 이를 무시하면 안 됩니다. 오랜 시간 환경 소음에 시달리면 건강이 위험해집니다. 2020년에 유럽 환경청이 발표한 자료에 따르면 환경 소음으로 한 해에 약 650만 명의 유럽인이 심각한 수면 장애를 겪었습니다. 이뿐 아니라 연간 4만 8,000여 명이 심장 질환을 얻었고 이에 따라 1만 2,000여 명이 기대 수명보다 일찍 숨을 거두었습니다.[2]

이처럼 환경 소음을 내버려 두면 누군가는 수명이 줄어드는 피해를 입을 수 있습니다.

하지만 개인이 환경 소음을 측정하기란 쉬운 일이 아닙니다. 우리가 얼마나 소음에 시달리는지, 어느 정도 감수하고 살아야 하는지 판단하기 어렵습니다. 일상에서 듣는 소음이 적당한지 알기 위해서는 환경 소음의 기준부터 알아야 합니다. 이 기준은 나라마다 조금씩 다릅니다. 우리나라는 근처에 학교나 도서관이 있는 곳을 '전용 주거 지역'으로 분류하여 시간대별로 소음 기준을 정해 두었습니다. 낮에는 50데시벨, 밤에는 40데시벨이 기준인데, 2019년 자료를 보면 주요 10개 도시 모두 기준치를 넘었습니다.

주거 지역 중에서도 유독 시끄러운 곳이 도로변입니다. 자동차나 오토바이의 엔진 소리, 타이어 마찰음, 경적 소리가 끊이지 않습니다. 그렇다 보니 길가에 있는 일반 주거 지역은 '도로변 주거 지역'으로 분류하여 더 완화된 기준을 적용하고 있습니다. 그런데도 대부분이 기준을 지키지 못했습니다. 두 자료를 비교해 보면 10개 도시 모두 도로 근처에 사는 시민들이 훨씬 더 큰 소음에 시달리고 있습니다. 이처럼 환경 소음 중에서도 특히 일상과 맞닿아 있는 것이 바로 도로 소음입니다.

🏢 전용 주거 지역 소음 비교

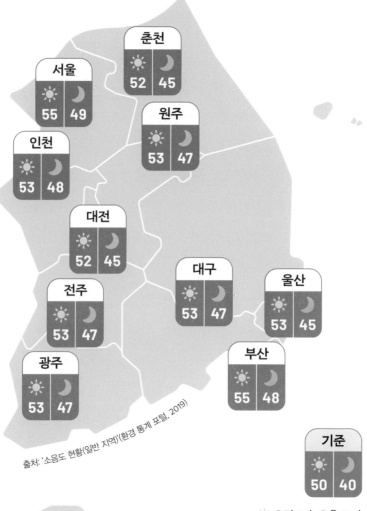

춘천 ☀ 52 🌙 45

서울 ☀ 55 🌙 49

원주 ☀ 53 🌙 47

인천 ☀ 53 🌙 48

대전 ☀ 52 🌙 45

대구 ☀ 53 🌙 47

울산 ☀ 53 🌙 45

전주 ☀ 53 🌙 47

광주 ☀ 53 🌙 47

부산 ☀ 55 🌙 48

출처: '소음도 현황(일반 지역)'(환경 통계 포털, 2019)

기준 ☀ 50 🌙 40

☀ 오전 6시~오후 10시
🌙 오후 10시~오전 6시
단위: 데시벨(dB)

도로변 주거 지역 소음 비교

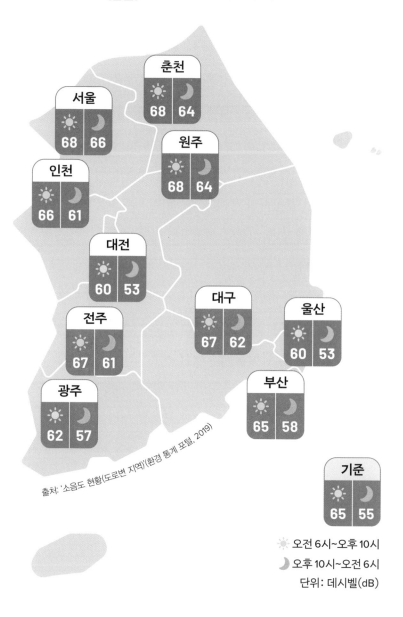

춘천 ☀ 68 🌙 64

서울 ☀ 68 🌙 66

원주 ☀ 68 🌙 64

인천 ☀ 66 🌙 61

대전 ☀ 60 🌙 53

대구 ☀ 67 🌙 62

울산 ☀ 60 🌙 53

전주 ☀ 67 🌙 61

부산 ☀ 65 🌙 58

광주 ☀ 62 🌙 57

기준 ☀ 65 🌙 55

출처: '소음도 현황(도로변 지역)'(환경 통계 포털, 2019)

☀ 오전 6시~오후 10시
🌙 오후 10시~오전 6시
단위: 데시벨(dB)

도로 소음의 피해를 줄이기 위해서는 명확한 소음 기준이 필요합니다. 하지만 우리나라는 법마다 소음 기준이 달라 혼선을 빚고 있습니다. 「환경 정책 기본법」에 따르면 도로변 일반 주거 지역의 소음 기준은 주간 65데시벨, 야간 55데시벨입니다. 하지만 아파트 건축 허가를 내주는 「주택 건설 기준 등에 관한 규정」과 방음 시설을 설치하는 규정인 「소음·진동 관리법」은 소음 기준을 훨씬 더 완화해 놓았습니다. 이렇게 되면 도로 소음이 심한 지역에 아파트를 건설하는 불상사가 생기고, 또 어떤 곳은 소음 기준이 다르다는 이유로 제때 방음 시설이 설치되지 않아 애꿎은 주민들만 피해를 보게 됩니다.

법마다 소음 기준이 제각각이라는 사실에 답답함을 느낄 수 있습니다. 사회 문제를 보고만 있는 정부와 국회를 향해 분노가 치밀 수도 있습니다. 문제를 해결하기 위해서는 답답함과 분노의 감정을 느끼는 것에서 한발 더 나아가야 합니다. 바로 변화를 요구하는 목소리를 내는 것입니다. 정부와 국회는 시민들의 관심이 높은 문제를 우선으로 해결하기 때문입니다. 무엇을 바꿔야 하는지 알았다면 이제는 변화를 위해 적극적으로 행동할 때입니다.

소음 때문에
권리와 권리가 충돌한다고?

저는 시간이 날 때면 종종 걷습니다. 지하철을 타고 시청역에 내려 서울 시청에서 광화문을 지나 북악산이 보이는 경복궁까지 걷곤 합니다. 이 길을 좋아하는 이유는 고궁과 고층 빌딩이 빚어낸 이질감을 즐길 수도 있고 무엇보다 다양한 사람들을 만날 수 있기 때문입니다. 거리를 걷다 보면 갖가지 구호를 외치는 사람들을 볼 수 있습니다. 어떤 이들은 자신의 정치적 의견을 알리기 위해, 또 다른 시민들은 빼앗긴 권리를 되찾기 위해 목소리를 냅니다.

서울뿐 아니라 어느 지역이나 사람들이 자주 모여 집회를 여는 장소가 있습니다. 확성기로 목이 터져라 구호를 외치기도 하고, 스피커를 통해 노래를 크게 틀어 놓기도 합니다. 어떤 사연으로 여기까지 왔을까, 궁금한 마음에 그들 목소리에 귀 기울여 보지만 스피커에서 나오는 고막을 찢을 듯한 소리에 금방 귀를 막곤 합니다.

그럴 때면 이런 소리를 자주 듣고 사는 인근 주민들은 어떻게 생활하나 걱정이 되기도 합니다.

지나치게 큰 소리는 일상의 평온을 깨뜨려 우리 헌법이 보장하는 '건강하고 쾌적한 환경에서 생활할 권리'를 침해합니다. 이 때문에 자기 권리를 지키거나 의견을 주장하기 위해 집회를 여는 것은 좋지만, 타인의 권리도 존중해야 한다는 이야기가 나오고 있습니다.

집회의 자유와 환경권이 부딪칠 때, 어떤 결정을 내려야 할까요? 선뜻 답하기 어려운 문제가 현실이 된 사례가 있습니다. 청와대 사랑채에서 10분 정도 걸어 내려가면 국립 서울 맹학교가 있습니다. 우리나라 최초로 만들어진 시각 장애인을 위한 학교입니다. 이곳 학생들은 매일 두세 차례씩 학교 밖으로 나와 스스로 이동하는 독립 보행 교육을 받습니다. 주변 상황을 소리로 인지하고 흰색 지팡이로 앞을 가늠해 보며 발 떼는 연습을 하는 것입니다. 독립 보행은 다른 사람 도움 없이 자유롭게 길 위를 누비는 주체적인 삶을 위해 꼭 필요한 교육입니다.

그런데 2019년 청와대 앞에서 잇따라 집회가 열려 학생들이 독립 보행 교육을 받지 못하는 일이 벌어졌습니다. 한 집회가 끝나면 또 다른 집회가 시작되는 일이 반복되면서 끊임없이 소음이 발생했고 교통을 통제하는 날이 늘었습니다. 결국 이를 보다 못한 학부모들이 거리로 나왔습니다. 맹학교 학생들의 학습권을 존중해 달라는 플래카드를 바닥에 붙이고 침묵시위를 벌였습니다. 일각에서는 이런 문제를 막기 위해 교육 기관 근처에서 집회를 열지 못하게 해야 한다는 주장을 펴기도 합니다.

그러나 갈등이 일어났다고 무조건 집회를 금지하는 것이 좋은 해결책은 아닙니다. 그 이유는 첫째, 집회를 열 수 있는 공간이 줄어들어 시민의 기본권인 '집회의 자유'가 제한될 수 있기 때문입니다. 둘째로 교육 기관이 집회의 자유를 막는 수단으로 악용될 수 있습니다. 예를 들어 기업이 의도적으로 회사 건물에 어린이집을 만들면 소비자나 노동자는 회사 앞에서 집회를 열 수 없는 상황이 벌어집니다.

이처럼 권리와 권리가 부딪치는 상황을 어떻게 해결하면 좋을까요? 집회의 자유와 학생의 학습권, 주거자의 환경권을 모두 존중하기 위해서는 소음을 현명하게 중재해야 합니다. 집회에서 소리가 발생하는 건 당연한 일입니다. 중요한 것은 어느 정도의 소리까지 허용하느냐입니다. 2020년에 개정된 「집회 및 시위에 관한 법률」에 따르면 시간과 장소에 따라 집회에서 낼 수 있는 평균 소음의 크기와 최고 소음 크기가 다릅니다. 소음의 평균값을 등가 소음도라고 하는데 사람이 많이 생활하는 곳에서 집회를 연다면 저녁 시간에는 등가 소음도를 낮보다 더 줄여야 합니다. 특히 이번 개정에서 눈여겨봐야 할 점은 최고 소음도입니다. 이전까지는 중간중간 높은 소음을 내면서도 평균값이 넘지 않게 소리를 조정해 법망

을 피해 가는 사례가 있었는데, 최근 최고 소음도를 정해 이를 차
단하는 기준을 만든 것입니다.

집회 및 시위 할 때 소음 기준

대상		☀︎ 주간 7:00~해 지기 전	🌙 야간 해 진 후~24:00	🌅 심야 24:00~7:00
등가 소음도	주거 지역, 학교, 종합 병원	65dB 이하	60dB 이하	55dB 이하
	공공 도서관	65dB 이하	60dB 이하	
	그 밖의 지역	75dB 이하	65dB 이하	
최고 소음도	주거 지역, 학교, 종합 병원	85dB 이하	80dB 이하	75dB 이하
	공공 도서관	85dB 이하	80dB 이하	
	그 밖의 지역	95dB 이하		

출처: 「집회 및 시위에 관한 법률」

사회 문제는 옳고 그름이 있기보다는 가치와 가치, 권리와 권
리가 충돌하는 일이 많습니다. 그렇기에 나의 입장에서 보면 내 의
견이 옳을 수밖에 없습니다. 인권은 누구나 존중받아야 하는 권리
이고 인권이 침해받는 상황에 놓인 '나'는 피해자이기 때문입니다.
하지만 다행히도 소음 문제는 서로 다른 권리를 모두 존중할 수 있

는 해결책이 있습니다. 소음의 크기를 조정하면 권리를 쟁취하기 위한 집회도, 시민들의 일상도 지킬 수 있습니다. 건강한 사회를 만들기 위해서는 소음을 지혜롭게 다스려야 합니다.

소음 스트레스 낮추기

소음에서 벗어나 건강한 환경에서 살 권리를 쟁취하기 위해서는 내 주변에 소음이 어느 정도 발생하는지, 층간 소음 문제가 발생하면 어떻게 해야 하는지, 소음을 줄이기 위해 개인적으로 할 수 있는 노력이 무엇인지를 알아야 합니다. 소음 스트레스를 줄이는 방법을 소개합니다.

저소음 타이어 이용하기

2020년 우리나라에 등록된 자동차 수는 2,437만 대로, 이는 성인 2명 중 1명이 자동차를 가지고 있는 셈입니다. 자동차 사용자가 해마다 늘어나는 추세라 이대로 두면 도로 소음은 더욱 심해질 것입니다. 이 문제를 해결하기 위해 환경부는 타이어에 소음 등급을 표시하는 「타이어 소음도 신고 및 등급 표시제」를 시행하고 있습니다. 2020년부터 단계적으로 시행해 2029년까지 모든 자동차 타이어에 적용할 예정입니다. 타이어 등급에 대한 정보는 '국가 소음 정보 시스템'의 '타이어 소음 등급 검색'에 나와 있습니다. 도로 위 소음 스트레스를 줄이기 위해 저소음 타이어를 선택해 보는 건 어떨까요?

2 우리 동네 소음 정보 찾아보기

평소에 내가 바깥에서 듣는 소음이 어느 정도인지 궁금하다면 '국가 소음 정보 시스템' 홈페이지에서 '우리 동네 소음 정보'를 확인해 보세요. 지역에 따라 환경 소음이 얼마나 발생하는지 알 수 있습니다. 내가 듣고 있는 환경 소음의 수준을 객관적으로 이해하는 데에 도움이 될 것입니다.

3 상담을 통해 층간 소음 문제 해결하기

'층간 소음 이웃 사이 센터'는 층간 소음 갈등을 줄이기 위해 환경부가 만든 중재 상담 센터입니다. 콜센터를 통해 상담이 가능하며, 인터넷 접수를 통해 현장 진단을 요청할 수 있습니다. 층간 소음 중재 방법에 대한 자세한 사항은 '층간 소음 이웃 사이 센터' 홈페이지에서 확인할 수 있습니다.

06

핵에너지 안전하게 관리하기

(?)

(☢)

(!)

여러분이 핵에너지에 대해 알고 있는 것을 모두 골라 보세요.

◦ 핵 발전으로 만드는 최종 에너지가 무엇인지 알고 있다. ☐

◦ 핵 발전소에서 사용하는 핵연료가 무엇인지 알고 있다. ☐

◦ 핵무기가 늘어나는 것을 막는 국제 조약의 이름을 알고 있다. ☐

◦ 핵 발전소에서 일어나는 사고의 원인을 알고 있다. ☐

◦ 사용이 끝난 핵연료를 어떻게 처리하는지 알고 있다. ☐

고질라와 아톰,
그리고 그 후

어린아이부터 어른까지, 전 세계인의 사랑을 한 몸에 받는 영화 장르가 있다면 바로 괴수물일 것입니다. 대표적인 괴수물로는 반세기 넘게 리메이크되고 있는 '고질라'가 있습니다. 고질라는 1954년 일본에서 탄생했습니다. 첫 영화의 제목은 「고지라」(1954)였지만 리메이크 과정에서 괴수 이름이 '고질라'로 바뀌었습니다. 이 영화는 일본에서만 29회, 미국에서도 2회 리메이크될 정도로 많은 인기를 누렸습니다. 특히 첫 영화인 「고지라」가 961만 명의 관객을 불러 모으며 화제를 일으켰습니다. 당시 일본 인구를 고려하면 10명 중 1명 넘게 이 영화를 관람한 셈입니다. 일본 시민들이 이토록 이 영화에 열광한 이유는 무엇이었을까요?

영화 「고지라」는 바다에 있는 화물선의 모습을 비추며 시작합니다. 선원들은 갑판 위에서 악기를 연주하고 이야기를 나누며 한가로이 시간을 보냅니다. 그런데 갑자기 굉음이 터지면서 물속에서 무언가 솟아오릅니다. 곧 배가 화염에 휩싸인 채 바다 아래로 가라앉고 맙니다. 고지라가 나타난 것입니다. 난폭한 괴물은 육지로 올라가 사람들을 공포로 몰아넣습니다. 다행히 주인공의 노력으로 고지라의 정체가 드러납니다. 고지라는 200만 년 전부터 바다 깊은 곳에 살고 있었는데 인간이 수소 폭탄 실험을 계속하자 살 곳을 잃고 물 밖으로 나온 것입니다. 흥미로운 점은 고지라가 방사능을 가지고 있다는 설정입니다. 다시 말해 고지라는 수소 폭탄 실험의 피해자이자 방사능 괴물인 셈입니다.

20세기 중반 일본의 역사는 핵을 떼어 놓고 이야기할 수 없습니다. 잘 알려져 있듯이 1945년 8월, 미국이 일본의 히로시마와 나가사키에 원자 폭탄을 떨어뜨려 수십만 명이 목숨을 잃었습니다. 그로부터 9년이 지난 1954년, 미국은 북태평양 해역에서 원자 폭탄보다 1,000배 이상의 파괴력을 지닌 수소 폭탄 실험을 단행했습니다. 이 실험으로 참치 어선에서 일하던 일본인 선원 23명 전원이 다량의 방사선에 피폭됐습니다. 6개월 후 피해자 중 1명이 사망하자 일본 전역은 충격에 빠졌습니다. 같은 해에 개봉된 영화 「고지라」는 이 사건을 떠올리게 하며 시민들 마음에 울림을 줬습니다.

과거의 아픔에도 불구하고 일본은 핵을 멀리하기보다는 함께하는 미래를 선택했습니다. 이 무렵 등장한 만화 시리즈가 '철완 아톰'입니다. 만화가 얼마나 핵 발전과 밀접한지는 캐릭터 이름만 봐도 알 수 있습니다. '아톰'은 원자를 뜻하는 영어 단어입니다. 아톰의 형은 '코발트'이고, 여동생은 우라늄의 일본식 표기인 '우란'입니다. 두 광물 모두 방사선을 내뿜는 능력을 지닌 방사성 물질입니다. 만화책이었던 '철완 아톰'은 1960년대에 애니메이션으로 만들어지면서 큰 인기를 누렸습니다. 우리나라에서는 '우주 소년 아톰'이라는 제목으로 방영됐습니다.

아톰은 핵에너지로 움직이는 로봇이지만 인간을 닮았습니다. 인간의 외모를 하고 있을 뿐 아니라, 인공 심장이 있어 감정 또한 느낄 수 있습니다. 아톰은 또래 아이들처럼 학교에 다니지만 보통 아이들과 다르다는 이유로 따돌림을 당합니다. 차별에 괴로워하면서도 따뜻한 마음을 잃지 않고 약자 편에 서서 정의를 구현하는 아톰의 모습에 많은 시청자들이 감명받았습니다. 이런 아톰의 성장사는 핵 발전을 지지하는 사람들이 꿈꾸는 미래입니다. 아톰을 바라보는 학교 친구들처럼 핵 발전에 대한 대중의 시선은 곱지 않지만 편견을 거두면 핵에너지가 세상을 이롭게 만들 수 있다는 것입니다.

고질라와 아톰의 이야기는 아직도 끝나지 않았습니다. 핵 발전을 두고 위험한 에너지라는 주장과 화석 연료를 대체할 만한 에너지라는 의견이 아직도 맞서고 있습니다. 우리나라 역시 정권에 따라 핵 발전 정책이 바뀌며 갈팡질팡하고 있습니다. 핵에너지는 세계 평화를 위협할 고질라일까요, 아니면 인류를 구원한 아톰일까요?

어떤 에너지를
어디에 사용할까?

아침에 눈을 뜨면 휴대 전화로 시간을 확인하고, 환한 전등 밑에서 세수하며, 냉장고에서 음식을 꺼내 먹습니다. 버스나 지하철, 또는 승용차를 이용해 목적지에 갑니다. 저녁에는 텔레비전으로 드라마를 보고 컴퓨터로 게임을 즐기거나 청소기로 집 안을 정리하며 시간을 보냅니다. 이처럼 안락한 생활이 가능한 이유는 에너지 덕분입니다. 우리가 사용하는 에너지는 어디에서, 어떻게 만들어지는 것일까요?

에너지에는 두 가지 종류가 있습니다. 자연으로부터 직접 얻는 1차 에너지와 이를 가공한 최종 에너지로 나뉩니다. 흔히 알고 있는 석유, 석탄, 천연가스, 핵에너지, 재생 에너지가 1차 에너지입니다. 1차 에너지는 그대로 사용할 수 없어 발전소에서 변환하거나 가공하는 과정을 거치는데, 이 과정을 거쳐 만들어진 에너지를 최종 에너지라고 합니다. 다양한 종류의 기름과 석탄 가공 제품,

전기 등이 여기에 해당합니다.

예를 들어 석유는 끓는점에 따라 여러 기름으로 분리됩니다. 액화 석유 가스(LPG), 휘발유, 등유, 경유, 중유 등으로 나뉘어 다양한 교통수단의 연료로 쓰입니다. 정제 후 남은 찌꺼기는 아스팔트의 원료가 됩니다. 납사는 플라스틱 용기나 비닐, 합성 섬유, 스티로폼, 의약품, 합성 고무 등을 만드는 원료로 사용합니다. 이 분야를 석유 화학 산업이라고 합니다. 석유가 주로 교통수단의 연료로 사용된다고 생각하기 쉽지만, 실제로 우리나라는 가공된 석유의 약 34퍼센트만 수송 분야에 쓰고, 약 60퍼센트를 산업에서 소비합니다. 나머지는 건물 에너지로 들어갑니다. 한편 석탄은 가공하면 연탄과 같은 상품을 만들 수 있는데 석탄 가공 제품의 약 99퍼센트가 철강 산업 같은 분야에서 산업 연료로 쓰입니다.[1]

다시 말해 우리나라는 석유와 석탄과 같은 화석 연료 소비가 높은 산업 구조를 가지고 있습니다. 제조업은 매년 우리나라 국내 총생산(GDP)의 27퍼센트를 창출하고 있는데, 특히 철강, 석유 화학, 정유처럼 화석 연료를 많이 쓰는 분야의 활약이 큽니다. 오른쪽의 그래프에서 볼 수 있듯이 이런 특징은 전 세계 통계와 비교해 봐도 확연히 드러납니다. 우리나라는 전체 에너지 중에서 석유와 석탄이 차지하는 비중이 높고, 소비량 자체도 많은 편입니다. 2019년에 우리나라는 석탄과 석유를 전 세계에서 일곱 번째로 많이 사용했습니다.[2]

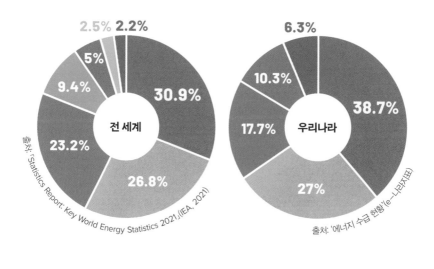

2019년 1차 에너지 사용 비율

● 석유 ● 석탄 ● 천연가스 ● 바이오 및 폐기물 에너지 ● 핵에너지 ● 수력 ● 기타

전 세계
2.5% 2.2%
5%
9.4%
30.9%
23.2%
26.8%

출처: 「Statistics Report: Key World Energy Statistics 2021」(IEA, 2021)

우리나라
6.3%
10.3%
17.7%
38.7%
27%

출처: '에너지 수급 현황'(e-나라지표)

일상에서 자주 사용하는 또 다른 최종 에너지가 전기입니다. 뒤에 나올 그래프를 보면 2019년에 우리나라가 전력을 생산하기 위해 가장 많이 사용한 연료가 석탄이고 그다음이 핵에너지입니다. 재생 에너지인 수력 발전으로 생산한 전기는 0.6퍼센트밖에 되지 않습니다. 전기를 흔히 친환경 에너지라고 생각하는데 전기를 만드는 1차 에너지가 무엇인지에 따라 맞을 수도 있고 아닐 수도 있습니다. 최근 환경을 고려하여 전기차를 선택하는 운전자가 늘고 있습니다. 하지만 전력을 석탄으로 생산한다면 전기차가 친환경적인 이동 수단이라 할 수 있을지 의문이 생깁니다.

같은 해 전 세계 전력 생산 통계와 비교해 보면 우리나라의 또 다른 특징을 찾을 수 있습니다. 우리나라는 재생 에너지인 수력 발전이 차지하는 비중이 0.6퍼센트로 굉장히 낮은 대신 핵에너지 비중이 25.9퍼센트로 높습니다. 석탄 같은 화석 연료를 대체할 에너지로 재생 에너지가 아닌 핵에너지를 선택하고 있다는 의미입니다.

2019년 전력 생산 현황

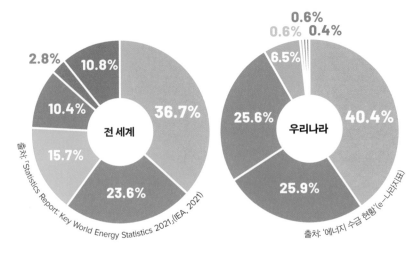

실제로 우리나라는 전 세계에서 여섯 번째로 많은 원자로를 가동하는, 핵 발전에 매우 우호적인 나라입니다. 2023년 기준으로 우리나라는 26대의 원자로를 사용하고 있고, 2대를 추가 건설 중입니다. 그렇다면 건강한 생태계를 만들기 위해 핵 발전을 잘 알아야 하지 않을까요?

평화를 위한
핵?

핵 문제를 말하기에 앞서 간단한 개념부터 알아보겠습니다. 핵 발전을 말할 때 흔히 원자력이라고 부르는데 더 정확한 표현은 핵에너지입니다. 과거에는 에너지가 원자에서 나온다고 생각해서 원자력이라고 불렀습니다. 하지만 원자에 있는 핵이 분열하거나 융합하면서 에너지가 나온다는 사실이 밝혀진 뒤부터는 핵에너지라고 부르고 있습니다. 핵 발전과 원자 폭탄은 핵분열로 발생하는 에너지를, 수소 폭탄은 핵융합으로 분출되는 에너지를 이용하고 있습니다. 핵융합이 핵분열보다 많은 에너지를 방출하기 때문에 수소 폭탄의 위력이 훨씬 강합니다. 그리고 핵 발전과 핵무기의 차이점은 핵연료인 우라늄의 농축 농도에 있습니다. 고농축 우라늄은 핵무기에, 저농축 우라늄은 핵 발전에 사용합니다. 핵 발전소에서 폭발 사고가 일어났을 때 원자 폭탄이 터질 때만큼 어마어마한 파괴력을 보이지 않는 이유도 우라늄

농축 농도가 달라서입니다.

핵 문제를 이해하려면 핵에너지 사용에 대한 국제적인 합의가 어디까지 도달했는지 알아야 합니다. 핵무기가 탄생한 20세기 중반의 상황부터 살펴볼까요? 당시 원자 폭탄이 제2차 세계 대전의 승패를 가르면서 핵무기 경쟁에 불을 지폈습니다. 미국에 대항하여 소련이, 소련의 도움을 받아 중국이 핵무장에 성공했습니다. 강대국의 위치를 빼앗길까 두려웠던 영국과 프랑스도 서둘러 핵무기를 개발했습니다. 군비 경쟁은 더 강력한 무기를 만들게 부추깁니다. 그로 인해 결국 인류가 만들어 낸 가장 파괴적인 무기인 수소 폭탄까지 세상에 나왔습니다.

이렇게 핵무기 경쟁이 시작되자 한편에서는 이를 막아야 한다는 목소리가 나왔습니다. 핵에너지를 평화적으로 이용하자는 것입니다. 그것이 바로 핵 발전으로, 1957년 국제 원자력 기구가 세워진 배경입니다. 여기에 더해 핵무기가 기하급수적으로 늘어나는 것을 막기 위한 국제적인 약속도 만들어졌습니다. 바로 1970년에 시행된 '핵 비확산 조약'입니다. 수많은 나라가 이 조약에 가입하며 핵에너지를 군사적 목적이 아닌 평화를 위해 사용하겠다고 약속했습니다.

우라늄 농축 농도를 바꾸면 핵무기를 만들 수 있기 때문에 국제 원자력 기구는 정기적으로 핵 비확산 조약에 가입한 나라의 핵 발전 시설을 사찰하고 있습니다. 이 조약에 가입하지 않은 나라도

원한다면 국제 원자력 기구의 핵 사찰을 받을 수 있습니다.

핵 비확산 조약은 세계 평화와 안보를 지키는 데 큰 역할을 했다는 평가를 받습니다. 191개의 나라가 조약에 가입한 덕분에 핵무기가 과도하게 늘어나는 것을 막을 수 있었습니다. 여기서 남아프리카공화국의 사례는 모범으로 꼽힙니다. 핵무장에 성공했으나 평화를 위해 핵무기를 해체하는 과감한 결단을 내렸습니다. 이 밖에도 오랜 경쟁 관계였던 브라질과 아르헨티나가 핵무기 개발을 포기하는 데 합의하고 핵 비확산 조약에 가입해 남미 지역의 평화를 지켰습니다. 물론 핵 비확산 조약의 한계도 있습니다. 조약이 시행되기 전에 이미 핵무장에 성공한 미국, 러시아, 영국, 중국, 프랑스는 가지고 있던 핵무기를 인정받으며 군사적 우위를 점했습니다.

반대로 국제적인 흐름을 거슬러 핵무장의 길을 걸어간 나라도 있습니다. 중국이 핵무장에 성공하자 중국과 국경 다툼을 하는 인도가, 인도와 영토 분쟁 중인 파키스탄이 핵무기를 개발했습니다. 중동 지역에서는 이스라엘이 핵무기를 가지고 있을 것으로 추정하고 있습니다.

그렇다면 한반도의 상황은 어떨까요? 우리나라는 1975년에, 북한은 1985년에 핵 비확산 조약에 가입했습니다. 하지만 북한은 2003년에 탈퇴를 선언하고 핵무기 개발에 열을 올리고 있습니다. 그 뒤로 북한이 수차례 핵 실험을 하며 위협적인 모습을 보이자 국내에서도 이에 대항할 핵무기를 개발해야 한다는 주장이 나옵니다. 하지만 핵무기 개발은 남북한 상황만 놓고 결정할 수 있는 문제가 아닙니다. 국제적으로 어떤 파장을 일으킬지 다각도로 검토해야 합니다. 핵무기를 개발하려면 먼저 북한처럼 핵 비확산 조약을 탈퇴해야 합니다. 국제적인 약속을 깬다면 이로 인한 대가가 따라올 것입니다. 핵무기 확산에 반대하는 수많은 나라와 마찰을 겪거나 최악의 경우 북한처럼 국제 사회 안에서 고립될 가능성이 있습니다.

북한은 끊임없는 핵 실험으로 유엔의 제재를 받고 있습니다. 북한이 점점 핵 실험 강도를 높이며 세계 평화를 위협하는 모습을 보이자 유엔 안전 보장 이사회도 압박 수위를 높이고 있습니다. 북한으로 물자가 들어가는 것을 막기 위해 다른 나라가 북한과 거래할 수 없는 품목을 늘리고 있습니다. 그중에서도 타격이 큰 조치가 북한이 수입할 수 있는 석유량을 제한한 것입니다. 북한이 경제적 어려움에서 벗어나려면 우선 유엔의 제재가 풀려야 합니다.

더 나아가 동북아시아 지역의 안보도 생각해야 합니다. 우리나라를 빌미로 다른 나라까지 핵무기 개발에 뛰어든다면 동북아시아 지역의 핵무기 확산은 시간문제입니다. 과연 핵무기 개발이 이 모든 무게를 견뎌 낼 만한 가치가 있는지 신중하게 고민해야 합니다.

다시 돌아와 1970년대 상황을 살펴보겠습니다. 핵 비확산 조약이 만들어지면서 핵무기 개발에 대한 열망은 줄었지만 그렇다고 그 열망이 곧바로 핵 발전으로 옮겨지진 않았습니다. 핵에너지가 발전용 에너지로 주목받게 된 계기는 1973년에 일어난 석유 파동입니다. 산유국들이 석유 생산량을 줄이자 석유 가격이 치솟았고, 그 결과 전 세계적으로 경기 침체 중에도 물가가 계속 오르는 스태그플레이션이 일어났습니다. 암울한 경제 상황으로 전 세계가 힘든 시기를 보냈습니다. 국가가 에너지를 적정한 가격으로 꾸준히 이용할 수 있는 능력을 '에너지 안보'라고 하는데 석유 파동이 이를 뒤흔들어 놓은 것입니다.

석유에 대한 의존도가 높으면 산유국의 눈치를 봐야 합니다. 여기에서 벗어나기 위해 떠오른 대안이 바로 핵 발전입니다. 석유 파동을 계기로 에너지를 많이 소비하는 나라들은 정부 주도 아래 핵 발전소를 짓기 시작했습니다. 그 결과 1973년만 해도 전 세계가 사용한 에너지의 절반이 석유였는데, 2019년에는 그 비중이 3분의 1로 낮아졌습니다. 석유의 빈자리를 채운 에너지는 천연가스와 핵에너지였습니다. 특히 핵에너지는 비중이 0.9퍼센트에서 5퍼센트로 늘어나며 무시할 수 없는 에너지가 되었습니다.[3]

핵으로 발전용 에너지를 생산하면서 핵을 평화적으로 사용하는 방법을 찾은 듯싶었지만 이도 오래가지는 못했습니다. 핵무기가 나라 간 긴장과 불화를 일으켰다면 핵 발전소는 정부와 지역 주민 사이에 갈등을 빚어냈습니다. 평화적인 목적으로 사용한다고 해도 사고가 나면 방사성 물질이 핵 발전소 밖으로 유출되어 생태계와 시민들의 건강을 위협하기 때문입니다.

그리고 그 우려는 현실이 되었습니다. 1979년 미국 스리마일 섬에서 핵 발전소 사고가 일어나며 방사성 물질이 유출된 것입니다. 여기에 더해 1986년에는 우크라이나의 체르노빌 핵 발전소가, 2011년에는 일본의 후쿠시마 핵 발전소가 폭발하는 대형 사고가 일어나면서 핵에 대한 공포가 되살아났습니다.

핵 발전소 사고를
막으려면

20세기에 석유 파동이 있었다면 21세기에는 기후 변화가 에너지 정책을 수립하는 데에 큰 변수로 떠오르며 화석 연료의 사용을 낮춰야 한다는 목소리가 높아졌습니다. 반세기 동안 석유가 차지하는 비중이 줄기는 했지만, 화석 연료의 소비량은 2배 이상 늘었습니다. 그 결과 이산화탄소 배출도 배로 증가했습니다. 이제 전 세계의 과제는 깨끗하고 안전한, 그러면서도 빨리 고갈되지 않는 에너지를 찾는 것입니다.

핵에너지를 둘러싸고 찬반 논쟁이 벌어지는 이유도 여기에 있습니다. 기존 에너지원에 문제가 생길 때마다 핵에너지는 대체재로 주목받다가 핵 발전소 사고가 터지면 위험한 에너지로 인식이 바뀌곤 합니다. 핵 발전소는 우라늄 같은 방사성 물질을 원료로 에너지를 만드는 만큼 사고가 나서 방사성 물질이 외부로 유출되면 인류에 어마어마한 피해를 끼칩니다. 암 유발을 비롯해 혈액, 생식기 등에 각종 질병이 일어날 수 있으며 다량의 방사선에 노출되면 목숨까지 잃을 수 있습니다. 또한 방사성 물질은 완전히 사라지기까지 오랜 시간이 걸려 생태계 안에서 언제, 어디서, 어떤 문제를 일으킬지 예측하기 어렵습니다. 그렇다면 현재 존재하는 핵 발전소에 사고가 일어나지 않도록 각별히 주의를 기울여야 합니다. 도대체 이런 사고는 왜 일어나는 걸까요?

세계 주요 핵 발전소 사고

분류	등급	사례
사고	7등급	우크라이나 체르노빌(1986년), 일본 후쿠시마(2011년)
	6등급	러시아 키시팀(1957년)
	5등급	영국 윈드스케일(1957년), 미국 스리마일섬(1979년)
	4등급	프랑스 생로랑(1980년), 일본 도카이무라(1999년)
고장	3등급	스페인 반델로스(1989년), 영국 셀라필드(2005년)
	2등급	프랑스 카다라슈(1993년), 아르헨티나 아투차(2005년), 스웨덴 포르스마르크 (2006년), 대한민국 부산(2012년)
	1등급	다수의 사례

출처: '등급 분류 기준 대표 사례'(원전 안전 운영 정보 시스템)

핵 발전소에서 발생한 안전 문제는 종류에 따라 7등급으로 나뉩니다. 1~3등급은 문제가 발생하기는 했지만 사고로 이어지지 않은 '고장'입니다. 4~7등급은 '사고'로 분류하는데 피해가 심할수록 등급이 올라갑니다. 마지막 7등급은 대형 사고입니다. 세계를 놀라게 한 사고를 살펴보면 미국 스리마일섬 핵 발전소에서 발생한 사고는 5등급, 우크라이나 체르노빌과 일본 후쿠시마 핵 발전소 사고는 7등급에 속합니다.

　핵 발전소의 사고 원인은 크게 네 가지입니다. 그중 가장 자주 발생하는 것이 냉각수 손실입니다. 원자로 안에서 핵분열이 일어나는 부분을 노심이라고 하는데, 노심이 일정 온도 이상 올라가지 못하게 지속적으로 냉각수를 주입하여 열을 식혀 줘야 합니다. 그런데 갑작스럽게 전력이 끊겨 냉각수가 공급되지 않으면 큰 사고로 이어질 수 있습니다. 냉각수가 끊기면 노심이 한없이 뜨거워지고, 최악의 경우 원자로가 녹아내리는 '멜트 다운'이 일어납니다. 미국 스리마일섬의 핵 발전소 사고도 냉각수 펌프가 작동하지 않아서 벌어진 일입니다. 이를 막을 수 있는 대안으로 사고 저항성 핵연료가 떠오르고 있습니다. 냉각수가 끊겼을 때 노심이 쉽게 녹아내리지 않고 오래 견딜 수 있는 연료입니다. 하지만 실제로 적용되기까지는 아직 시간이 더 필요합니다.

　두 번째 원인으로 임계 사고가 있습니다. 원자로에서 에너지를 만들려면 핵분열이 일정한 비율로 꾸준히 일어나야 합니다. 이런 상태를 '임계'라고 합니다. 그런데 핵분열이 안정적으로 일어나지 못하면 사고가 날 수 있습니다. 대표적인 사례가 1986년에 발생한 체르노빌 핵 발전소 사고입니다. 당시 핵 발전소에는 원자로가 4대 있었는데, 이 중 4호기는 안전 기능을 점검하고자 시험 가동 중이었습니다. 그러다 핵분열이 불안정하게 일어나는 상황이 벌어졌고, 직원들의 잘못된 판단이 뒤따르면서 결국 폭발 사고가 났습니다. 임계 사고는 기술로 충분히 막을 수 있는 일입니다. 하지만 사고가 난 후에야 체르노빌 핵 발전소에 설계상 결함이 있었다는 사실이 밝혀졌습니다.

세 번째로 자연재해 때문에 사고가 나기도 합니다. 일본 동쪽 지역인 후쿠시마 현에 있는 핵 발전소에는 6대의 원자로가 있었습니다. 그런데 2011년 3월 11일, 일본 동쪽 바다에서 강도 9.0의 대지진이 발생했습니다. 일본이 지진 활동을 관찰한 이래 가장 큰 규모의 지진이었습니다. 지진이 일어난 당시 1~3호기가 가동 중이었고, 나머지는 정기 검사를 받기 위해 작동을 멈춘 상태였습니다. 후쿠시마 핵 발전소는 원자로를 폐쇄하라는 지진계의 신호에 따라 1~3호기 운행을 정지했습니다. 하지만 대지진이 15미터에 달하는 거대한 쓰나미를 몰고 와 해수면에서 10미터 높이에 있던 핵 발전소를 덮쳤습니다. 이 때문에 비상용 발전기가 물에 잠기면서 냉각 펌프를 작동시킬 전력이 끊기고 말았습니다. 그 후 사고는 걷잡을 수 없이 커졌습니다. 냉각수 공급이 끊기자 멜트 다운이 일어났고, 이는 결국 폭발 사고로 이어졌습니다. 폭발이 일어나 건물이 파손되자 어마어마한 양의 방사성 물질이 핵 발전소 밖으로 유출되었습니다.

후쿠시마 핵 발전소 사고가 더 안타까운 이유는 막을 수 있는 일이었기 때문입니다. 핵 발전소는 일반적으로 자연재해를 대비하여 지진 단층에서 멀리 떨어진 위치에 높은 파고나 해일, 쓰나미를 피할 수 있는 높이로 짓습니다. 그리고 반드시 내진 설계가 되어 있어야 합니다. 그렇지만 자연재해의 규모에 대한 예측이 제대로 이루어지지 않으면 사고를 피하기 어렵습니다.

후쿠시마 사고의 원인도 여기에 있습니다. 2002년, 도쿄 전력은 후쿠시마 핵 발전소에 도달할 수 있는 쓰나미 높이를 예측한 연구를 보고받았습니다. 여기서 예상한 쓰나미의 높이는 약 6미터였습니다. 그런데 뒤이어 다른 예측이 나왔습니다. 1896년에 일본의 한 바다에서 큰 지진이 발생한 적이 있는데, 같은 규모의 지진이 후쿠시마 해양에서 발생한다고 가정하면 최대 15미터 높이의 쓰나미가 도달할 수 있다는 것입니다. 그런데도 도쿄 전력은 실제로 이런 일이 발생할 확률이 적다고 판단해서 더 높은 파고에 대한 대책을 마련하지 않았습니다.

게다가 사고가 났을 때 관계자들이 적절하게 대처하지 못해 문제를 키웠습니다. 핵 발전소에 사고가 나면 멈추고 식히고 가둬야 합니다. 가장 먼저 원자로를 멈추고 그 안의 열을 식힌 다음 방사성 물질이 밖으로 새어 나가지 않게 막아야 안전을 지킬 수 있다는 뜻입니다. 후쿠시마 사고에서는 원자로 작동을 멈추긴 했지만 그다음부터 의사 결정자들이 어떻게 해야 할지 몰라 우왕좌왕하는 바람에 막대한 피해를 낳았습니다. 속수무책으로 무너지는 원자로 건물을 보며 일본 시민들은 그간 핵 발전 업계가 안전 문제에 얼마나 안일했는지 깨달았습니다.

　마지막으로 전쟁으로 인한 사고가 있습니다. 전쟁에서 우위를 점하기 위해 상대국의 핵 발전소를 공격하면 그 안에 있는 방사성 물질이 유출되는 재앙이 벌어질 수 있습니다. 2022년 러시아가 우크라이나를 공격하며 전쟁이 시작됐습니다. 러시아군은 핵 발전 시설을 공격해 세계를 불안에 빠뜨렸습니다. 한 차례 사고가 났던 우크라이나의 체르노빌 핵 발전소를 점령하고 핵 발전 연구 시설의 일부를 파괴했으며 자포리자 핵 발전소 주변을 포격하는 등 위협적인 모습을 보였습니다. 이 때문에 핵 발전 시설 주변에서 전투를 벌이지 못하도록 국제 조약을 만들어야 한다는 목소리가 나오고 있습니다.

　핵 발전에 있어 가장 중요한 점은 안전에 대한 신뢰입니다. 안타깝지만 우리나라에서도 핵 발전을 둘러싼 불미스러운 사건이 잇따랐습니다. 2012년, 부산에 있는 고리 원전에서 전력 공급이 12분이나 중단된 사고를 숨기려다 발각된 사건이 있었습니다. 또한 고리 원전 직원이 사무실에서 마약을 투약한 사실이 드러나 공분을 사기도 했습니다. 여기에 더해 품질 기준을 통과하지 못한 부품이 핵 발전소에 납품되고 있었다는 사실이 밝혀지면서 한국 수력 원자력에 대한 시민들의 불신이 높아졌습니다. 부품이 불량하면 고장이 자주 일어나고, 보수 비용이 늘어날 뿐만 아니라 시설 안전에 대한 불안도 커질 수밖에 없습니다.

핵 발전소 사고는 일반 안전사고와 결이 다릅니다. 일어날 확률은 낮지만 다른 어떤 사고보다 피해 규모가 크고 치명적이며 장기적입니다. 사고 확률이 낮다고 해서 안전하다는 뜻은 아닙니다. 핵 발전에서 중요한 것은 낮은 확률에 대한 맹신이 아니라 모든 상황에 대한 철저한 대비와 관리입니다. 사고를 막기 위해서는 정부가 핵 발전소를 엄격하고 투명하게 운영해야 합니다.

쌓여만 가는
방사성 폐기물

기후 변화로 탄소 배출을 줄여야 하는 상황이 오자 유럽에서는 핵에너지를 친환경 에너지로 볼 것인가 아닌가에 대한 논란이 일었습니다. 탄소 배출 측면에서 핵에너지는 저탄소 에너지입니다. 탄소 배출이 없는 무탄소 에너지라는 의견도 있지만, 핵연료인 우라늄을 채취하고 공장에서 정제하는 과정에서 화석 연료를 사용하고 있기에 무탄소로 보기는 어렵습니다.

2022년, 유럽 연합(EU)이 이 논란에 종지부를 찍는 결정을 내렸습니다. 핵 발전에 대한 투자를 친환경적인 경제 활동으로 분류하겠다고 발표한 것입니다. 대신 안전에 대한 여러 조건을 붙였습니다. 눈에 띄는 조건은 2025년부터 사고 저항성 핵연료를 사용해야 하며, 2050년까지 고준위 방사성 폐기물 처리장을 어디에 짓고 어떻게 운영할지 계획을 마련해야 한다는 것입니다. 유럽 연합의 결정으로 핵 발전 지지자와 반대자의 희비가 엇갈렸을지도 모르겠습니다. 하지만 여기서 우리가 눈여겨봐야 할 것은 유럽 연합이 내건 조건입니다. 그에 따르면 우리나라가 생산하는 핵에너지는 친환경 에너지가 아닙니다. 어째서 유럽 연합은 이런 조건을 내걸었을까요?

고준위 방사성 폐기물은 사용이 끝난 핵연료를 뜻합니다. 이를 간단히 '사용 후 핵연료'라고 합니다. 핵연료로 생산할 수 있는 열에너지도 한계가 있어 주기적으로 교체해 주어야 합니다. 교체 주기는 종류에 따라 차이가 있는데 짧게는 9개월, 길게는 4년 정도입니다. 그리고 교체된 사용 후 핵연료는 핵 발전소 내에 있는 저장 시설에 보관하고 있습니다.

저장 시설은 임시 보관 장소일 뿐인데 문제는 이조차도 공간이 충분하지 않다는 것입니다. 인류가 핵 발전을 시작한 이래 지금까지 사용했던 핵연료는 그대로 쌓여 있습니다. 핵에너지를 안전하게 사용하기 위해서는 사용한 핵연료를 영구적으로 보관할 장소가 필요합니다. 지하 깊은 곳에 보관하는 것이 가장 안전하지만 대부분의 나라에서는 주민들의 거센 반대에 부딪혔습니다. 그렇다 보니 부지 선정에 성공한 곳은 핀란드, 스웨덴, 프랑스 단 세 나라뿐입니다.

우리나라도 핵 발전을 지속하든 포기하든 상관없이 고준위 방사성 폐기물을 안전하게 처리할 부지를 선정해야 합니다. 하지만 자원하는 지자체가 없어 난항을 겪고 있습니다. 이를 두고 지역 이

기주의를 가리키는 '님비' 현상이라고 비난하는 사람들이 있는데, 이는 문제의 본질을 흐리는 말입니다. 고준위 방사성 폐기물 처리장은 혐오 시설이 아닌 고위험 시설입니다. 지역 주민들이 두려움을 갖는 건 당연한 일입니다. 이를 무시한 채 후보 지역 주민들의 이타성이 부족하다고 비난하면 해결의 실마리를 찾을 수 없습니다.

고준위 방사성 폐기물 처리장을 마련한 핀란드는 이 문제를 어떻게 해결했을까요? 1990년대에 핀란드는 부지를 물색한 뒤 후보로 꼽힌 에우라요키 시 주민을 대상으로 여론 조사를 실시했습니다. 자신이 사는 지역이 부지로 적합하다는 결과가 나오면 처리장을 건설해도 좋은지, 이와 관련해 어떤 정보를 알고 싶은지 등 여러 의견을 물었습니다. 첫 번째 여론 조사에서 주민 10명 중 4명이 처리장 건설에 긍정적으로 답했습니다.

그 뒤 핀란드 정부는 지역 주민의 신뢰를 얻기 위해 다양한 노력을 펼쳤습니다. 먼저 안전을 위해 환경 영향 평가를 실시했습니다. 고준위 방사성 폐기물 처리장이 들어왔을 때 토양, 물, 공기, 미생물, 인간에 어떤 영향을 끼치는지 알아보는 연구를 진행했습니다. 그리고 전문가를 고용해 고준위 방사성 폐기물 처리장이 지역에 미칠 장점과 단점, 기회와 위험 요소를 분석한 보고서를 만들었습니다. 이를 토대로 에우라요키 시가 먼저 긍정적인 결론을 내렸고 그 뒤 시 의회의 동의를 얻어 본격적인 논의에 들어갔습니다. 이 회의에 이해 관계자들이 참석해 의견을 주고받았는데, 여기에는 해당 지역 주민과 환경 단체뿐 아니라 문제가 생기면 피해를 볼 수 있는 이웃 지자체의 관계자까지 포함되어 있었습니다.

이 모든 과정을 거친 뒤, 2000년에 또다시 고준위 방사성 폐기물 처리장 건설에 대한 주민 의견을 물었습니다. 그 결과 10명 중 6명이 찬성의 뜻을 비쳤습니다. 우호적인 여론이 20퍼센트나 상승한 것입니다.[4] 환경 영향 평가와 안전 평가 결과도 긍정적으로 나오자 시 의회도 고준위 방사성 폐기물 처리장 건설에 찬성했습니다. 그리고 정부와 국회의 승인 절차를 밟아 2001년에 에우라요키 시의 올킬루오토섬이 부지로 선정되었습니다.

여기서 우리가 눈여겨봐야 할 점은 크게 두 가지입니다. 첫 번째는 주민들이 합리적인 선택을 할 수 있게 정부는 충분한 정보를 투명하게 공개하고 제공했다는 것입니다. 정보의 비대칭은 정부에 대한 신뢰를 떨어뜨립니다. 처리장 건설로 얻을 수 있는 경제적 혜택만 강조하고 안전과 직결된 정보를 빠뜨리면 불신이 커질 수밖에 없습니다. 주민들이 소문이나 홍보물 같은 편협한 정보를 바탕으로 의사 결정을 내리지 않도록 핀란드 정부는 주민들이 원하는 정보를 미리 확인한 다음 환경 영향 평가, 안전 평가, 전문가의 보고서처럼 믿을 만한 정보를 제공했습니다.

두 번째는 민주적인 의사 결정 과정입니다. 지자체가 결정을 내리고 주민들에게 이를 통보하거나 설득하는 하향식 의사 결정 방식은 반발을 사기 마련입니다. 핀란드는 이런 문제가 생기지 않도록 주민들의 의견을 먼저 묻고, 공론의 장을 마련해 지역 주민과 주변 지자체가 갖는 불안과 궁금증을 차근차근 해소해 나갔습니다. 이처럼 고준위 방사설 폐기물 처리장을 선정하는 데 있어서 중요한 일은 반대하는 주민들을 향한 비난이 아닌, 주민들의 불안을 해소하기 위한 정부와 해당 지자체의 노력입니다. 정부와 지자체가 투명하고 충분한 정보를 제공하고 민주적으로 소통하는 모습을 보인다면 주민들의 신뢰를 얻을 수 있을 것입니다.

핵에너지와 관련한 논의는 '고질라냐, 아톰이냐.'처럼 여전히 찬반이 팽팽하게 맞섭니다. 하지만 생태계를 지키기 위해서는 안전을 중심에 두고 힘을 모아야 합니다. 핵 발전을 지지하든 반대하든 쌓여 가는 방사성 폐기물에 대한 대책 없이 원자로만 늘어나는 현재 상황을 함께 고민해야 합니다. 고준위 방사성 폐기물 처리장이 없는 핵 발전은 안전띠 없이 주행하는 운전자와 같아 시간이 지날수록 위험은 커질 수밖에 없습니다. 이를 막기 위해 시민들은 고준위 방사성 폐기물을 어떻게 처리할지 정부에 명확한 계획을 요청해야 하고, 정부는 이에 응답해야 합니다.

여기서 더 나아가 궁극적으로는 재생 에너지의 비중을 늘리는 것이 필요합니다. 재생 에너지는 생태계를 해치지 않는 에너지입니다. 화석 연료를 핵에너지로 대체해 위험을 안고 가기보다는 재생 에너지를 늘려 확실한 안전을 선택하는 것이 현명한 판단입니다. 지금 우리가 해야 할 일은 고준위 방사성 폐기물 처리장을 마런해 미래의 위험을 줄이고, 화석 연료의 대체재로 재생 에너지를 선택하는 것입니다.

안전한 핵 발전 환경
만들기

핵 발전은 안전이 최우선입니다. 핵 발전소 시설물에 이상이 없는지 꼼꼼히 살피고, 방사성 물질이 밖으로 새어 나가지 않도록 철저하게 관리하는 일이 중요합니다. 안전한 환경을 만들기 위해 핵 발전에 관심을 두고 적극적으로 소통해 주세요.

식품 방사능 안전 정보 찾아보기

식품 의약품 안전처에서 '수입 식품 방사능 안전 정보'라는 사이트를 운영하고 있습니다. 여기서 일상에서 노출되는 자연 방사선과 인공 방사선의 종류, 방사선 허용량, 수입 식품 방사능 검사 등의 정보를 얻을 수 있습니다. 일례로 일본산 수입 식품과 관련해서 2023년 기준 우리나라는 일본 8개 현(후쿠시마, 군마, 도치기, 지바, 이바라키, 미야기, 이와테, 아오모리)의 수산물 수입을 전면 금지하고 있습니다. 이외 다른 지역의 식품은 일본 현지의 방사능 검사 증명서를 확인한 후, 방사성 물질인 세슘과 요오드 검사를 진행한 뒤 수입을 허용할지 판단하고 있습니다.

2 핵 발전소 안전 정보 찾아보기

시민의 알 권리를 보장하기 위해 핵 발전소의 안전 정보를 공개하고 있습니다. 대표적인 온라인 사이트가 원자력 안전 위원회에서 운영하는 '원자력 안전 정보 공개 센터'입니다. 원자로와 방사선 안전 정보를 확인할 수 있으며 궁금한 내용도 문의할 수 있습니다.

3 신고를 통해 부정부패 없애기

부정부패는 조직에 대한 신뢰를 무너뜨립니다. 각종 비리와 부조리를 방지하기 위해 원자력 안전 위원회는 '원자력 안전 옴부즈만 제도'를 운영하고 있습니다. 옴부즈만은 공공기관이 국민의 자유와 권리를 침해하지 않도록 감시하고, 문제가 발생했을 때 이를 해결하기 위한 제도입니다. 핵 발전 분야의 부정행위를 알게 되었다면 아래 창구를 통해 곧바로 제보해 주세요. 익명 제보가 가능합니다.

- '원자력 안전 위원회' 홈페이지의 옴부즈만 게시판
- 원자력 안전 옴부즈만의 전화, 팩스, 이메일, 또는 우편
- '청렴 포털 부패 공익 신고' 홈페이지

3부

지속 가능한 환경에서 살 권리

07
동물과 더불어 살기

(?)

(🐾)

(!)

다음 중 동물권을 부여해야 한다고 생각하는 동물을 모두 골라 보세요.

∘ 주인이 있는 반려견 ☐

∘ 수족관에 갇힌 고래 ☐

∘ 소싸움 경기에 나가는 황소 ☐

∘ 털이 옷감이 되는 앙고라 토끼 ☐

∘ 농장에서 기르는 닭 ☐

∘ 실험에 사용되는 쥐 ☐

모두가 꿈꾸는
유토피아

인간은 누구나 행복하길 바랍니다. 진정한 행복이 무엇인지 명료하게 정의 내리긴 어렵지만, 일반적으로 고개를 끄덕이는 상황은 있습니다. 정신과 육체에 고통이 없고 즐거움을 느끼는 상태라면 우리는 행복하다고 말할 것입니다. 지금도 인간은 명석한 두뇌를 이용해 고통을 줄이고 쾌락을 늘리기 위해 노력하고 있습니다. 여기서 더 욕심을 부려 보면 다음 목표는 유토피아를 만드는 것이 아닐까 싶습니다. 그렇다면 모두가 행복한 세상인 유토피아는 어떤 모습일까요?

여기 학업과 취업 스트레스, 건강과 노후 걱정이 없는, 오롯이 즐거움만 느끼며 살 수 있는 세상이 있습니다. 바로 올더스 헉슬리의 소설 『멋진 신세계』(1932)에 나오는 '세계 국가'입니다. 소설의 배경은 2540년으로 시민들은 첨단 과학 기술 덕에 고통이 없는 삶을 삽니다.

첫 번째로 사라진 고통은 가족을 만들고 유지하는 과정에서 일어나는 괴로움입니다. 세계 국가에서는 유리관에서 정자와 난자를 수정시키고 태아는 병 속에서 자랍니다. 병에서 부화한 아이들은 모두 국가의 보살핌을 받습니다. 가족이라는 개념이 없으니 육아 스트레스도, 부모나 형제자매에게서 받는 고통도, 언젠가 가족을 떠나보내야 하는 이별의 슬픔과 아픔도 찾아오지 않습니다.

아이들의 진로는 이미 태아 때부터 정해져 있습니다. 유전자를 조작해 5개의 계급으로 나눠 수정하기 때문입니다. 그래서 태아 때부터 자기 계급에 대한 세뇌 훈련을 받고 자랍니다. 시민들은 계급에 따라 정해진 일만 하면 되기 때문에 계급 간의 갈등도 없습니다. 그렇기에 자신을 타인과 비교하지 않고 주어진 계급에 만족하며 삽니다.

물론 살다 보면 친구나 연인과 다툴 수 있습니다. 이렇게 갑자기 화가 나는 상황이 벌어졌을 때는 '소마'라는 알약을 먹으면 기분이 다시 좋아집니다. 국가가 제시한 방법을 따르기만 하면 시민들은 평생 쾌락만 느끼며 살 수 있습니다. 그렇게 젊고 건강한 모습으로 살다가 모든 시민은 60세가 되면 생을 마감합니다.

아마 이쯤 읽다 보면 헉슬리가 그린 미래가 진정 '유토피아'인지 의문이 생길 것입니다. 인간은 고통과 쾌락에만 반응하는 존재가 아닌 존엄성과 주체성을 가지고 있는데, 세계 국가는 이를 깡그리 무시하고 있습니다.

그런데 만약 실험의 대상이 인간이 아니라면 어떨까요? 인간의 얼굴 주름을 지우기 위해, 아무리 먹어도 인간이 살찌지 않기 위해, 더 나아가 인간 수명의 한계를 극복하기 위해 동물의 정자와 난자를 인간 마음대로 배합하고 유전자를 조작한다면요? 여기에 대한 사람들의 의견은 나뉠 것입니다. 누군가는 생명 존중을 외치며 동물을 마음대로 이용하는 일에 반대할 것이고, 다른 누군가는 인간을 위해서라면 동물의 희생 정도는 감수해야 한다고 생각할 것입니다. 또는 실험대에 올라가는 동물의 종류에 따라 판단이 달라질지도 모릅니다. 이렇듯 의견이 나뉘는 이유는 인간과 동물이 서로 다른 종이기 때문입니다.

　세계 국가에서 과학은 진리를 찾아가는 학문이 아닌, 체제를 유지하기 위한 수단입니다. 『멋진 신세계』는 묻습니다. 세상이 어떤 방향으로 흘러가고 있는지 아느냐고 말입니다. 그렇다면 인간은 과학 기술과 동물을 이용해 어떤 세상을 만들려는 걸까요?

참을 수 없는
생명의 가벼움

전에는 아무렇지 않았던 일들이 어느 순간 불편해질 때가 있습니다. 진리라 여겼던 가치에 의문을 품는 사람이 늘면 사회적으로, 그리고 우리 안에서도 갈등이 일어납니다. 전 세계적으로 급변한 생각 중의 하나가 동물을 바라보는 관점입니다. 과거에는 인간을 위해 동물을 이용하는 것은 당연한 일이었습니다. 위대한 철학자인 데카르트도 동물은 기계와 같다며 동물을 인간 마음대로 이용하는 일에 정당성을 부여했습니다. 그런데 시대가 변하면서 우리 사회가 동물을 대하던 방식에 물음표가 달렸습니다.

2022년, 우리나라의 한 드라마에서 말이 힘차게 달리다 고꾸라지는 장면이 나왔습니다. 그런데 이것이 연기가 아니라 실제 상황이었다는 사실이 알려지면서 논란에 휩싸였습니다. 제작진은 원하는 장면을 찍기 위해 말의 다리에 줄을 묶어 강제로 넘어뜨렸고,

크게 다친 말은 결국 며칠 뒤에 숨을 거뒀습니다. 같은 해 국내의 어느 미술관에서 전시 중이던 작품이 관람객의 항의로 철거되는 일이 있었습니다. 작품은 다름 아닌 물이 채워진 링거 주머니에 들어간 15마리의 금붕어였습니다. 그중 5마리가 산소 부족으로 열흘 만에 죽은 것입니다. 작가는 금붕어의 죽음을 통해 인간의 폭력성을 표현하고 싶었다고 합니다. 이 사례들은 우리에게 묻습니다. 예술을 위해 동물의 생명을 빼앗는 건 정당한 일일까요?

　민속놀이를 두고도 여러 말이 나오고 있습니다. 선조들은 동물들이 치열하게 싸우는 경기를 즐기곤 했습니다. 경기장 안에서 동물들은 어느 한쪽이 처참하게 죽거나 일어나지 못할 만큼 치명적인 상처를 입을 때까지 싸워야 합니다. 사람에게는 놀이지만 동물에게는 살기 위한 몸부림입니다. 생명 존중에 대한 감수성이 높아지면서 우리나라도 동물끼리 싸움을 붙이는 놀이를 법으로 금지하고 있습니다. 하지만 소싸움은 민속놀이라는 이유로 여전히 허용하고 있습니다. 지자체는 소싸움 축제를 열어 관광객을 유치하길 원하고, 다른 쪽에서는 소만 보호받지 못하는 현실이 부당하다고 이야기합니다. 민속놀이라는 이유로 동물을 괴롭히는 일은 지역 발전에 큰 도움이 될까요?

　살면서 누구나 한 번쯤 동물원이나 수족관에 갑니다. 전시된 동물 중에서도 유독 아이들의 사랑을 받는 동물은 고래입니다. 하지만 좁은 공간에 갇혀 사는 고래는 불행합니다. 하루에 수십, 수백

킬로미터를 이동하는 습성을 지닌 고래에게 수족관은 감옥일 뿐입니다. 남방큰돌고래인 '제돌이'도 제주 앞바다에서 불법으로 잡힌 뒤 서울대공원에서 돌고래 쇼를 하며 힘겹게 살았습니다. 하지만 다행히 많은 이들의 노력으로 2013년 바다로 돌아갔습니다. 제돌이가 인간의 손에 길들어 야생에 적응하지 못할 것이라던 많은 이들의 예상과 달리, 다른 돌고래들과 함께 넓은 바다를 누비며 건강한 삶을 살고 있습니다. 하지만 안타깝게도 수족관에서 생기를 잃고 죽어 가는 고래들이 아직도 많습니다. 인간의 즐거움과 교육이라는 이름으로 동물을 불행하게 만드는 것은 정당한 일일까요?

동물의 털가죽인 천연 모피는 고급스럽고 우아한 분위기를 연출할 수 있다는 이유로 찾는 사람이 많습니다. 하지만 천연 모피를 얻는 과정은 그리 아름답지 않습니다. 족제비과 동물인 밍크는 가죽이 연해진다는 이유로 살아 있는 채로 흠씬 두들겨 맞은 뒤 가죽이 벗겨지는 끔찍한 일을 당합니다. 질 좋은 앙고라 니트를 얻기 위해 앙고라 토끼는 산 채로 털이 뽑히는 고통을 감수해야 합니다. 아름다움을 향한 인간의 욕망을 채우기 위해 동물을 고통스럽게 하는 일은 우리의 당연한 권리일까요?

이처럼 불편한 질문에 우리가 굳이 답해야 하는 이유는 동물의 생살여탈권, 즉 동물을 살리고 죽이는 결정권을 인간이 쥐고 있기 때문입니다. 인간은 과학 기술을 이용해 80억 명이라는 역사상 가장 많은 인구수를 달성했지만 그 과정에서 수많은 동물을 멸종 위기로 내몰았습니다. 지금도 마음만 먹으면 더 많은 동물을 잡아들이고 원하는 대로 이용할 수 있습니다. 변화하는 환경에 적응한 종이 살아남는 자연 선택보다 인간의 마음에 드는 종이 살아남는 인공 선택이 동물의 생존에 더욱 영향을 끼치는 세상이 되었습니다.

인간의 시각에 따라 수많은 동물의 운명이 결정된다면 조금 더 신중히 문제를 바라봐야 합니다. 인간이 동물을 이용하는 가장 큰 이유는 이들을 통해 얻는 이익 때문입니다. 위 사례를 보면 동물을 희생시켜 예술을 표현하고, 즐거움을 느끼고, 새로운 경험을 하고, 아름다움을 얻었습니다.

하지만 인간을 위한다는 명분이 설득력이 있으려면 이익의 크기가 그만큼 만족스러워야 합니다. 사회적으로 논란이 됐다는 것은 동물의 희생으로 얻는 이득이 크지 않다는 뜻입니다. 동물들이 감당하고 있는 희생은 신체적·정신적 고통과 생명 박탈입니다. 예술적 표현과 오락, 교육적 경험, 치장은 나름대로 의미가 있을 수 있으나 인류의 생존에는 크게 영향을 끼치지 않습니다. 무엇보다 상상 속 존재마저 영상으로 구현할 만큼 컴퓨터 기술이 발전했고 예술을 표현할 수 있는 재료도 다양합니다. 오락거리도 풍부하고 미디어를 통해 언제 어디서든 동물을 볼 수 있으며 천연 모피를 대체할 옷감도 충분합니다. 대체품이 있음에도 동물을 이용하는 것은 불필요한 희생을 요구하는 일이 아닐까요?

인간의, 인간을 위한, 인간에 의한 실험

2019년 국내 온라인을 뜨겁게 달군 사안이 있습니다. 인천 공항 검역 센터에서 탐지견으로 활동했던 '메이'와 다른 개들을 구해 달라는 글이 청와대 홈페이지의 '국민 청원' 게시판에 올라온 것입니다. 개들이 갇혀 있는 곳은 다름 아닌 서울 대학교 수의대였습니다. 동물을 사랑하고 보호할 것 같은 수의대에서 도대체 어떤 일이 일어난 걸까요?

과학은 상상을 현실로 만드는 놀라운 힘을 가지고 있습니다. 생명 복제가 대표적인 사례입니다. 신비로운 생명의 탄생이 인간의 손으로 가능하다는 사실은 전 세계를 들썩이게 했습니다. 우리나라 과학계도 정부의 든든한 지원과 뛰어난 과학 기술 덕분에 복제 동물을 탄생시켰습니다. 2012년부터 2017년까지 약 60마리의 복제견이 만들어졌는데, 메이도 이 중 하나였습니다.

2012년에 태어난 메이는 다른 복제견들과 함께 인천 공항에서 불법으로 들어오는 농축산물을 찾아내는 일을 했습니다. 그렇게 5년이 지난 후 서울 대학교가 실험을 이유로 메이를 포함한 3마리의 복제 탐지견을 다시 데려갔습니다. 그런데 실험에 참여한 뒤로 메이는 몰라 보게 수척해졌습니다. 갈비뼈는 눈에 보일 정도로 앙상했고 다리에 힘이 없어 낮은 턱을 오르는 것도 힘들어했습니다. 밥을 먹다 코피를 흘리기까지 했습니다. 결국 인천 공항을 떠난 지 1년 만에 메이의 심장이 멈췄습니다. 인간의 손으로 탄생해, 인간을 위해 일하다, 인간에 의해 죽은 메이의 삶은 우리 사회가 동물을 어떻게 대하는지 고스란히 보여 줍니다.

동물권이란 동물이 불필요한 고통을 피하고 학대를 당하지 않을 권리를 뜻합니다. 2022년에 한국 리서치가 성인 남녀 1,000명에게 동물권에 대한 인식을 조사했습니다. 그 결과 10명 중 7명이 동물은 물건이 아니라고 답했지만, 법적으로 보호해야 할 동물의 범위에 대해서는 차이를 보였습니다. 반려동물은 보호받아야 한다고 답했지만 실험동물이나 농장 동물에 대해서는 부정적인 반응을 보였습니다. 다시 말해 같은 비글로 태어나도 인간의 눈에 띄어 가족이 된 비글과, 메이처럼 실험의 대상이 된 비글은 다르게 대우해야 한다는 것입니다. 반려동물의 증가로 동물권에 관한 관심은 높아졌지만 심리적 거리에 따른 차별이 여전히 존재했습니다.

특히 실험동물의 희생을 당연하게 생각하는 사람들이 많습니다. 설문에 참여한 시민 10명 중 8명이 동물 실험이 필요하다고

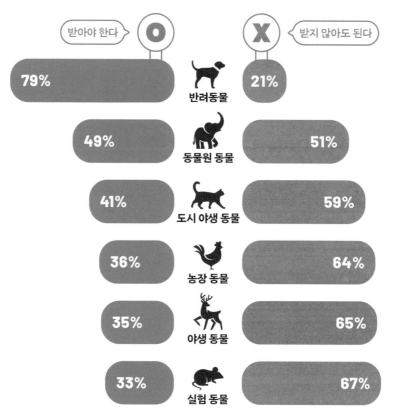

법적으로 보호를 받아야 하는 동물은?

받아야 한다 **O**   **X** 받지 않아도 된다

79%	반려동물	21%
49%	동물원 동물	51%
41%	도시 야생 동물	59%
36%	농장 동물	64%
35%	야생 동물	65%
33%	실험 동물	67%

출처: 「여론 속의 여론: 동물권에 대한 인식 조사」(한국 리서치, 2022)

답했습니다. 「동물 보호법」에는 가능하면 대체 방법을 사용하고, 해야 한다면 실험동물의 수를 줄이고 동물의 고통을 최소화하라는 원칙이 나와 있지만, 실험동물의 숫자는 매년 늘고 있습니다. 우리나라는 2010년에 132만 마리의 동물을 실험에 이용했는데, 2021년에는 그 수가 3배 이상 늘어 488만 마리가 되었습니다.[1]

어떤 동물이 실험에 이용되고 있을까?

설치류
3,537,771

어류(물고기 등)
923,772

조류(닭 등)
316,021

기타 포유류(개, 돼지, 소 등)
69,155

토끼
26,676

원숭이류
4,252

양서류(개구리 등)
2,136

파충류(도마뱀 등)
469

출처: 「2021년도 동물 실험 윤리 위원회 운영 실적 및 실험 동물 사용 실태」(동물 실험 윤리 위원회, 2022)

    수많은 동물의 생명을 빼앗는 일이라면 동물 실험 역시 목적에 따른 이익의 크기와 대체 가능성을 따져 봐야 합니다. 우선 어떤 경우에 동물 실험을 하는지 알아보겠습니다.

    첫 번째는 독성 시험입니다. 사람의 피부에 닿거나 몸에 들어가는 화학 물질이 안전한지 동물로 시험하는 것입니다. 독성 시험을 거치는 대표적인 상품이 화장품인데 익히 알려진 실험 중의 하나가 안구 자극입니다. 토끼 몸을 고정한 뒤 눈에 화학 물질을 넣는 방식입니다. 실험에 참여한 토끼는 고통에 몸부림치다 생을 마감합니다. 인간을 위해서라고는 하지만 이미 안전성이 입증된 화장품 원료가 많습니다. 게다가 아름다움은 개인적인 욕망을 충족시키는 일입니다. 이런 연유로 화장품 동물 실험에 반대하는 목소리가 커지고 있습니다. 이에 유럽 연합은 화장품 동물 실험을 금지할 뿐만 아니라 동물 실험을 거친 원료를 쓰는 화장품 수입도 전면 금지했습니다. 우리나라는 예외 조항을 만들어 부분적으로 동물 실험을 허용하는 반면, 유럽 연합은 화장품 생산과 판매에 있어서 어떠한 예외도 두지 않고 있습니다.

두 번째는 동물을 이용한 해부 실습입니다. 과학 교육을 목적으로 청소년에게 해부 실습을 시키는 학교들이 있습니다. 엄밀히 따지면 해부 실습은 새로운 과학적 사실을 발견하기보다는 기존에 배운 지식을 확인하기 위해 합니다. 그렇다면 동물 모형으로도 똑같은 교육적 효과를 얻을 수 있습니다. 고려해야 할 또 다른 지점은 학생들이 느낄 심리적 고통입니다. 실습 후 생명을 해쳤다는 죄책감에 시달린다면 교육적 효과가 있다고 보기 어렵습니다. 이 때문에 청소년의 해부 실습을 금지하거나 참여를 원하지 않는 학생에게 거부할 수 있는 권리를 주는 나라가 늘고 있습니다.

세 번째는 논쟁이 가장 치열한, 의학 연구를 위한 동물 실험입니다. 많은 사람이 동물을 희생해서라도 인간의 질병을 치료하는 약을 만들어야 한다고 생각하지만 그리 간단한 문제가 아닙니다. 소아마비 백신처럼 동물 실험이 인간에게 좋은 결과를 가져다준 사례도 있지만 반대의 경우도 있습니다. 1950년대에 갑자기 1만여 명의 기형아가 태어나는 기이한 일이 전 세계적으로 벌어졌는데, 그 원인이 바로 입덧 방지제인 '콘테르간'에 들어 있던 탈리도마이드 성분이었습니다. 탈리도마이드는 동물 실험을 통과했는데도 인간에게 치명적인 해를 끼쳤습니다. 그간 인간과 동물의 생물학적 유사점을 염두에 두고 실험 결과를 신뢰했지만 탈리도마이드는 서로 다른 종의 차이점을 간과하면 안 된다는 교훈을 남겼습니다.

실험 목적에 대한 성찰도 필요합니다. 기업인이자 세계적인 부호인 일론 머스크가 설립한 뇌신경과학 기업 '뉴럴 링크'가 지난 2022년 도마 위에 올랐습니다. 연구를 위해 동물 1,500마리의 목숨을 빼앗았다는 뉴스가 보도된 것입니다. 연구 내용은 두뇌에 전자 칩을 심어 컴퓨터와 뇌를 연결하는 것이었습니다. 표면적으로는 척추 손상으로 신체를 움직이기 어려운 사람이 생각만으로 전자 기기를 이용할 수 있도록 돕는다는 목표를 내세웠지만, 실상은 인공 지능을 뛰어넘는 인간을 만들기 위해서입니다. 뇌와 컴퓨터가 정보를 주고받으면 우수한 두뇌는 만들 수 있겠지만 이 기술은 윤리적인 문제를 안고 있습니다. 기술을 통해 타인의 뇌를 마음대로 조작할 수 있기 때문입니다. 따라서 동물 실험을 하기 전에는 먼저 과학 기술로 어떤 미래를 만들고자 하는지 목적을 분명하게 해야 합니다. 그리고 과학 기술이 가져올 결과가 윤리적인지도 함께 고민해야 합니다.

벌어진 일과 벌어질 일,
해악을 막는 방법

       스티븐 스필버그 감독의 영화 「마이너리티 리포트」(2002)는 2054년의 미국 워싱턴을 무대로 하고 있습니다. 이 사회의 특징은 범죄가 일어날 가능성을 사전에 차단한다는 것입니다. 미래를 보는 능력을 지닌 예지자 3명이 범죄를 예언하면 경찰이 예비 범죄자들을 체포하기 때문입니다. 범죄 예방 시스템 덕분에 지난 몇 년 동안 범죄가 단 한 건도 발생하지 않았습니다. 만약 영화처럼 예측을 통해 해악을 일으킬 것 같은 사람을 미리 격리한다면 이는 미래에 일어날 피해를 막는 걸까요, 아니면 무고한 사람을 처벌하는 일일까요?

       아마 해악의 종류에 따라 답변이 다를 것입니다. 다만 우리나라는 '세계 인권 선언' 11조 1항에 따라 '무죄 추정의 원칙'을 기본으로 하고 있습니다. 이는 우리 헌법에도 명시된 것으로, 아무리 강력한 용의자라도 유죄 판결이 내려지기 전까지는 죄가 없다고 보는 것입니다. 혐의만으로 사람을 감옥에 가두면 이를 악용하는 경우가 생기기 마련입니다. 무죄 추정의 원칙이 인권 선언에 들어간 이유는 누명을 쓴 사람을 구제하기 위해서입니다. 범행을 계획했거나 저질렀다는 증거 없이 예측만으로 사람을 감옥에 가두는 것은 엄연한 인권 침해입니다.

그런데 만약 예측 가능한 일이 전염병이라면 어떨까요? 전염병은 퍼지기 전에 정부가 서둘러 개입해야 합니다. 이는 가축 전염병도 마찬가지입니다. 돼지 열병, 조류 인플루엔자, 구제역처럼 가축의 목숨을 앗아 가는 전염병이 발생했을 때 우리 정부는 법에 따라 가축 전염병이 퍼졌거나, 퍼질 것으로 우려되는 지역에 살처분 명령을 내립니다. 전염병이 발생한 곳을 기준으로 일정 거리 이내에 있는 가축을 모두 도살하는데 이를 예방적 살처분이라고 합니다. 전염병에 걸리지 않은 가축을 도살하는 것은 미래에 일어날 해악을 막는 걸까요, 아니면 무고한 생명을 죽이는 일일까요?

닭과 오리, 메추리처럼 인간이 가축으로 기르는 새를 가금류라고 합니다. 가금류 농가가 가장 두려워하는 질병은 전염이 빠르고 치사율이 높은 고병원성 조류 인플루엔자입니다. 지금까지 이 질병의 피해가 가장 컸던 때는 2016년에서 2017년으로 넘어가는 겨울이었습니다. 질병이 전국으로 퍼지면서 3,800만 마리가 넘는 가금류 동물이 살처분당했습니다.[2] 살처분 명령 419건 중 예방적 살처분은 절반에 해당하는 210건이었습니다.[3]

그런데 고병원성 조류 인플루엔자가 기승을 부리던 2017년에 예방적 살처분 명령을 어기고 닭을 살려 둔 농가가 있어 논란이 됐습니다. 당시 전북 익산시는 감염이 확인된 농가를 기준으로 3킬로미터 이내에 있는 농장에 예방적 살처분 명령을 내렸는데, 동물복지 인증을 받은 '참사랑 농장'은 애지중지 키운 건강한 닭을 차마 죽일 수 없었습니다. 결과적으로 5,000마리의 닭이 무사히 살아남았지만, 행정 명령을 어긴 죄로 농장은 처벌 대상이 됐습니다. 참사랑 농장 사건은 전염병에 걸리지 않은 가축의 생명을 빼앗는 것이 정당한 일인지 토론의 불씨를 지폈습니다.

예방적 살처분은 과학 기술이 발달하지 않았던 18세기 유럽에서 사용하던 방법입니다. 그 당시 가축 전염병을 차단하는 방법은 단 하나, 멀쩡한 동물까지 모두 죽여 감염 경로를 차단하는 것이었습니다. 과학 기술이 발달한 현재에도 구시대적 해결책을 사용하는 이유는 농장 동물을 바라보는 우리의 시각이 그때와 크게 달라지지 않아서입니다. 우리와 달리 미국과 일본은 고병원성 조류 인플루엔자가 발생한 농가만 살처분을 진행합니다.

농장 동물은 실험동물과 마찬가지로 인간의 필요로 길러집니다. 어느 동물보다 사회적 기여도가 높지만 반려동물만큼 정서적으로 친밀하지 않고 전시 동물처럼 희귀하지도 않습니다. 일정 시간이 지나면 어차피 인간을 위해 죽어야 하는 동물이니 예방적 살처분으로 그 시기를 앞당긴다고 해서 달라질 게 없다고 생각할지도 모릅니다. 가축을 생명으로 인식하면 죄책감이 올라와 차라리 상품이라고 여기는 게 마음이 편할 수도 있습니다. 그렇다면 여기에 의문이 생깁니다. 사회적 기여도에 상관없이 정서적 거리감, 낮은 희소성, 심리적 편안함을 이유로 농장 동물의 생명을 함부로 빼앗는 것이 합리적인 판단인지 고민해야 합니다.

여기에 더해 살처분으로 생기는 피해도 고려해야 합니다. 수천 마리의 목숨을 빼앗는 일을 단시간 안에 해치우려면 많은 인력이 필요한데, 동물이 죽어가는 모습을 온종일 지켜보는 일에는 엄청난 심리적 고통이 따릅니다. 2014년부터 2015년까지 유행한 고병원성 조류 인플루엔자로 가금류 약 2,500만 마리를 살처분했는데 여기에 동원된 인력만 4만 4,000명이 넘습니다.[4] 국가 인권 위원회는 살처분 작업에 참여한 노동자 4명 중 3명이 외상 후 스트레스 장애에 시달린다는 보고서[5]를 발표하며, 이 일이 노동자의 정신 건강을 해친다는 사실을 알렸습니다.

경제적 손실도 무시할 수 없습니다. 가축이 곧 재산인 축산 농민들은 살처분 명령이 떨어질 때마다 손해를 감수해야 합니다. 정부에서 보상금을 지급하긴 하지만 판매로 벌어들이는 수익에는 미치지 못합니다. 또한 살처분 규모가 커질수록 거기에 사용하는 세금도 늘어날 수밖에 없습니다.

이 밖에 환경적인 부담도 발생합니다. 가축 사체가 부패하는 과정에서 오염 물질이 나와 토양과 수질을 더럽힙니다. 사체 양이 많아지는 만큼 오염의 규모 또한 자연이 정화할 수 있는 범위를 벗어나게 됩니다. 살처분으로 인한 환경 오염을 무시하는 일은 미래에 닥칠 또 다른 위험을 키우는 것과 같습니다.

최소 비용과
최대 효과의 문제는?

2017년은 유독 달걀이 뉴스에 많이 등장한 해였습니다. 새해부터 특란 한 판이 9,700원[6]으로, 가격이 2배 가까이 치솟으며 시민들의 지갑을 위협했습니다. 이런 일이 벌어진 배경에는 2016년부터 전국을 덮친 고병원성 조류 인플루엔자가 있습니다. 알을 낳는 닭인 산란계가 대량으로 살처분되면서 달걀이 귀해진 것입니다. 생산 물량은 적은데 찾는 사람이 많으면 가격이 오를 수밖에 없습니다. 한번 올라간 가격은 좀처럼 내려오지 않아 상반기 동안 특란 한 판이 7,000~8,000원 선에 머물렀습니다.

여름에는 또 다른 뉴스가 터졌습니다. 네덜란드산 달걀에서 살충제 성분이 나오며 유럽 전역이 불안에 휩싸였습니다. 소식을 접한 우리나라도 달걀 검사를 실시했는데 일부 달걀에서 같은 결과가 나와 '살충제 달걀 파동'이 일어났습니다. 농가는 문제의 달걀을 모두 폐기했지만 소비자들 사이에서 달걀 먹기를 꺼리는 분

위기가 형성되면서 산란계 농민들은 또다시 어려움을 겪어야 했습니다.

달걀에서 살충제 성분이 나온 이유는 무엇이었을까요? 원인은 진드기에 있었습니다. 닭을 키우는 농가의 골칫거리 중 하나가 바로 닭 진드기입니다. 피를 빨아 먹고 사는 닭 진드기는 덥고 습한 환경을 좋아하기 때문에 케이지나 달걀 벨트의 좁은 틈새에 서식하며 끊임없이 닭을 괴롭힙니다. 그로 인해 닭들은 가려움에 잠을 설치고 빈혈에 시달립니다. 높은 스트레스는 결국 산란율을 떨어뜨려 농가의 피해로 돌아옵니다. 그래서 농민들은 닭 진드기를 없애려고 살충제를 뿌리곤 하는데 이 과정에서 인체에 해로운 성분이 달걀에 들어간 것입니다.

문제를 표면적으로만 보면 농가를 탓하기 쉽지만 근본적인 원인은 최소 비용으로 최대 효과를 추구하는 축산 산업의 방향성에 있습니다. 1990년대에 우리나라는 국제 시장에서 가격 경쟁력을 갖추기 위해 공장식 축산을 도입했습니다. 이는 좁은 공간에서 많은 가축을 기르는 방식입니다. 2005년에 한 농가당 평균 807마리의 닭을 길렀는데, 2022년에는 그 수가 무려 76배나 증가해 61,448마리가 됐습니다. 이게 모두 공장식 축산 덕분입니다.

공장식 축산은 위생 문제도 비용을 최소화하는 방법, 즉 화학 약품으로 해결합니다. 자연 상태에서 자라는 닭은 햇볕을 쬐고 모래 목욕을 하며 진드기를 떼어 내지만, 케이지에 갇힌 닭은 스스

한 농가에서 기르는 가축의 수는 얼마나 될까?

연도 가축 종류	2005년	2022년
닭	807마리	61,448마리
돼지	729.2마리	1,895마리
젖소	53.7마리	64.3마리
한우, 육우	9.5마리	39.6마리

출처: 「2006년 1/4분기 가축 전염병 중앙 예찰 협의회 자료」(국립 수의 과학 검역원, 2006)
「2022년 하반기 가축 전염병 중앙 예찰 협의회 자료」(농림 축산 검역 본부, 2022)

로 할 수 있는 게 없습니다. 무엇이든 인간이 제공해 줘야 합니다. 이상적인 방법은 케이지를 항상 청결하게 유지하는 것이지만 수만 마리의 닭을 모두 꺼내 케이지를 청소하고 소독하려면 많은 인력과 비용이 필요합니다. 현실적으로는 살충제처럼 저렴한 방법을 선택할 수밖에 없습니다.

먹거리 안전성 문제에서 빠질 수 없는 항생제 남용 역시 같은 방향성에서 나온 결과입니다. 항생제를 사용해 가축이 질병 없이 빨리 성장하면 그만큼 축산 농가의 이득은 높아집니다. 문제는 가축 몸에 흡수된 항생제가 다시 인간에게 넘어온다는 것입니다. 항생제에 많이 노출된 가축 고기를 자주 섭취하면 우리 몸에 내성이 생겨 정작 질병이 생겼을 때 항생제의 도움을 받지 못할 수도 있습니다.

가축의 분뇨도 안심할 수 없습니다. 분뇨는 그대로 두면 냄새가 심하고 벌레가 꼬여 환경을 오염시킵니다. 퇴비로 만들어 농경지에 뿌리면 가축의 분뇨에 쌓인 항생제가 토양에 스며듭니다. 퇴비로 만들지 못한 분뇨는 하천에 버려지곤 하는데 그러면 항생제가 하천으로 흘러갑니다. 항생제 성분이 포함된 분뇨는 어떤 형태로든 환경을 오염시킬 수밖에 없습니다.

소설 『멋진 신세계』에는 세계 국가에 반발하는 인물이 나옵니다. 국가 밖에서 출산을 통해 태어난 야만인 '존'입니다. 존은 기계처럼 짜인 안락한 삶보다 불행해질 권리를 주장합니다. 존에게 불행해질 권리란 괴로운 현실을 마주하고 고통스럽게 진리를 찾는 일입니다. 쾌락은 인간의 눈을 가리지만, 고통은 인간을 사유로 이끕니다. 같은 선택을 하면 같은 문제가 반복되기 마련입니다. 지속 가능한 환경에서 살 권리를 지키기 위해서는 지금 시스템에 문제가 있다는 고통스러운 진실을 마주해야 합니다.

동물권
존중하기

지구에는 호모 사피엔스, 즉 사람만 사는 것이 아닙니다. 다양한 생물이 어울려 살고 있기에 우리도 안전하고 행복한 삶을 영위하는 것입니다. 지속 가능한 세상을 만들 수 있도록 동물의 생명을 무분별하게 해치는 일에 반대하고, 동물을 착취하지 않는 물건을 사용하고, 더 나아가 동물을 위하는 법과 정책이 만들어질 수 있도록 앞장서 주세요.

해부 실습 참여하지 않기

「동물 보호법」에 따라 미성년자의 해부 실습을 금지하고 있지만 학교 수업은 예외입니다. 다행히 학교에서는 해부 실습을 시행하기 전에 심의 위원회를 거쳐 불필요한 동물 희생을 막고 있습니다. 심의 위원회는 실험을 대체할 방법이 있는지, 해부 실습을 원하지 않는 학생에 대한 별도의 지도 방법이 마련되어 있는지, 동물의 고통을 덜어 줄 만한 조치가 계획되어 있는지, 동물을 최소한으로만 사용하는지 등을 검토한 뒤 실습 여부를 결정해야 합니다. 학생은 해부 실습을 거부할 권리가 있으며, 만약 학교가 아닌 기관에서 청소년에게 동물 해부 활동을 실시한다면 반드시 지역 교육청에 신고해 주세요.

지속 가능한 달걀 구매하기

달걀마다 찍힌 숫자와 영문 조합은 식품 정보를 담고 있습니다. 그중 마지막 숫자는 어미 닭이 어떤 환경에서 자랐는지 알려 주는 번호입니다. 숫자가 뜻하는 바를 파악하고, 우리 집 냉장고에 있는 달걀의 마지막 번호를 확인해 주세요. 그리고 앞으로는 더 나은 환경에서 산란된 달걀을 구매해 주세요.

1번	방사: 방목장에 풀어놓고 키우는 사육 방식
2번	평사: 실내에 풀어놓고 키우는 사육 방식. 9마리당 사육 면적 1m²
3번	개선 케이지: 1마리당 사육 면적 0.075m²
4번	배터리 케이지: 공장식 축산. 1마리당 사육 면적 0.05m²

*A4용지 면적: 0.06m²
출처: 「달걀 농장 정보(산란계)」(식품 안전 나라)

3 동물을 위해 투표권 행사하기

동물은 권리를 주장할 수 없습니다. 그렇기에 인간이 그들을 대신해 목소리를 내야만 법이 만들어집니다. 국회의원 후보자들은 선거철마다 표심을 잡기 위해 동물 관련 공약을 내세우는데, 이때 공약 내용이 겉핥기식은 아닌지 구분해야 합니다.

- 초선 후보자라면 공약을 꼼꼼히 검토한 후에 투표해 주세요. 공약에 반려동물뿐 아니라 농장 동물, 실험동물, 전시 동물까지 다양한 동물을 고려하고 있는지, 구체적인 실행 계획이 마련되어 있는지 살펴야 합니다.

- 재선에 도전하는 후보자라면 동물 관련 법안을 발의한 적이 있는지, 그 공약을 지켰는지 확인해 보세요. 후보자가 과거에 공약을 이행했는 확인하고 싶다면 '대한민국 국회' 홈페이지의 '국회의원 검색'을 통해 의정 활동 정보를 확인해 주세요. 시민 단체인 '한국 매니페스트 실천 본부' 홈페이지에서도 확인할 수 있습니다.

- 투표권이 없는 학생들은 소셜 미디어를 통해 원하는 공약을 알리고, 지지하는 후보를 응원해 주세요.

지구 온난화에 대해 알고 있는 사실을 모두 골라 보세요.

◦ '파리 협정'에서 전 세계가 합의한 목표를 말할 수 있다. ☐

◦ 해빙과 빙하의 차이를 설명할 수 있다. ☐

◦ 북극 해빙의 면적이 줄어들면 우리나라에 어떤 변화가 일어나는지 알고 있다. ☐

◦ 남극 빙하가 녹으면 지하수에 어떤 위험이 찾아오는지 알고 있다. ☐

◦ 우리나라가 전 세계에 약속한 온실가스 감축 목표를 말할 수 있다. ☐

온난화는
허구다?

구름 한 점 없이 맑은 날, 온난화로 지구가 위험하다는 뉴스를 보면 왠지 거짓말처럼 느껴집니다. 저 역시 온난화보다 전쟁이나 빈곤, 혐오처럼 좀 더 직관적으로 느껴지는 문제에 관심을 보였습니다. 앉아만 있어도 줄줄 흐르는 땀에 짜증을 내다가도 시간이 흘러 계절이 바뀌면 금세 그 괴로움을 잊곤 했습니다.

1972년 '유엔 인간 환경 회의'에서 온난화에 대한 경고가 나온 후 그간 온난화가 진실인지를 두고 치열한 공방이 벌어졌습니다. 한쪽에서는 온난화를 막지 않으면 위험하다고 주장했습니다. 반면 다른 쪽에서는 음모론이라고 반박하며 과학자들이 문제를 부풀려 괜한 불안을 조장하고 있다고 했습니다. 온난화라는 거짓 명분으로 세계를 통제하려 하는 비밀 조직이 있다는 것입니다. 동시에 화석 연료 기업들이 유명 언론사와 결탁해 온난화 기사를 막고 있다는 이야기도 떠돌았습니다.

저도 처음에는 누구의 말을 믿어야 할지 혼란스러웠습니다. 그러던 중 놀라운 기사가 나왔습니다. 2015년, 화석 연료 감축을 두고 서로 날 선 모습만 보이던 선진국과 개발 도상국이 합의를 이룬 것입니다. 지구의 온도가 산업화(19세기 중반) 이전보다 1.5도 이상 올라가지 않게 노력하자는 목표를 정했습니다. 이것이 바로 '파리 협정'입니다. 누군가는 그게 별일인가 싶겠지만, 경제에 영향을 주는 민감한 사안은 국제적인 합의를 이루기가 어렵습니다. 경제 발전 속도가 다른 수많은 나라가 같은 내용에 동의했다는 것은 그만큼 문제가 심각하다는 뜻입니다. 파리 협정이 체결되자 온난화가 진실인지에 대한 논란은 사그라들었습니다.

파리 협정 이후 온실가스 감축은 유행처럼 정치계를 휩쓸었습니다. 전 세계의 수많은 국가 지도자와 지자체장은 온실가스를 줄이겠다고 발표하며 전 세계가 하나 되어 온난화 문제를 해결할 것 같은 모습을 보였습니다. 하지만 안타깝게도 아직까지는 허울뿐인 정치적 선언에 그치고 있습니다. 우리나라도 2014년에 녹색 성장을 외치며 '2020년 로드 맵'을 발표했으나 목표 달성에 실패했습니다. 우리나라 온실가스 배출량은 꾸준히 증가해 2018년에는 경제 협력 개발 기구 국가 중 다섯 번째로 많은 온실가스를 뿜어냈습니다. 언론이나 정부 정책에서 온난화를 언급하는 횟수는 늘었지만, 문제를 해결하려는 움직임은 턱없이 부족합니다.

2022년에는 해가 쨍하게 비추는 화창한 날이 몇 달째 이어졌습니다. 푸른 하늘 아래 메마른 땅은 쩍쩍 갈라졌습니다. 어제인지 오늘인지 모를, 한 달 내내 해 그림만 나오는 일기 예보가 무섭게 느껴진 적은 처음이었습니다. 이렇게 심한 가뭄이 찾아와도 이 사실을 알고 있는 사람들은 거의 없었습니다.

"지구가 뜨거워지면 무슨 일이 벌어질까요?"

저는 강의 중에 이런 질문을 종종 던지곤 합니다. 그러면 초등학생부터 어른들까지 하나같이 입을 모아 '빙하가 녹아서 해수면이 상승하고 섬나라가 물에 잠긴다.'라고 답합니다. 그러면 저는 "북극이 따뜻해지면 내 삶은 어떻게 바뀔까요?" 하고 되묻습니다. 앞선 질문과 달리 모두 쉽사리 대답하지 못합니다. 과학자들이 인류를 위해 북극의 얼음을 지켜야 한다고 외쳐도 시민들은 여전히 온난화를 남의 일처럼 여깁니다. 우리는 온난화에 대해 얼마나 알고 있을까요?

북극 해빙이 줄어들면 기후가 변한다

2018년 여름은 유독 뜨거웠습니다. 하루 최고 기온이 33도를 넘으면 폭염이라 하는데 이런 찜통 더위가 한 달 내내 이어졌습니다.[1] 여름철 평균적인 폭염 일수가 열흘이라는 점을 고려하면 참기 어려운 더위가 세 배 이상 길어진 셈입니다. 강원도 홍천에서는 기온이 41도까지 올라가는 일도 벌어졌습니다. 이런 일이 왜 우리에게 벌어진 걸까요?

결론부터 말하면 북극이 따뜻해진 탓입니다. 북극은 바닷물을 얼릴 정도로 공기가 차가워서 찬 공기가 그대로 내려오면 북반구의 나라들은 극심한 추위에 시달리게 됩니다. 이를 막아 주는 것이 서쪽에서 동쪽으로 빠르게 흐르는 '제트 기류'입니다. 우리가 실제로 제트 기류를 경험할 수 있는 곳은 비행기입니다. 예를 들어 인천에서 하와이를 갈 때는 제트 기류를 타서 9시간 만에 도착하지만, 반대로 돌아올 때는 최대 11시간까지 비행 시간이 늘어납니다.

제트 기류는 북극과 저위도 사이 온도 차이로 발생합니다. 그렇기 때문에 북극이 따뜻해져서 저위도와의 온도 차가 줄어들면 제트 기류도 약해집니다. 그러면 직선으로 빠르게 흐르던 제트 기류의 모양이 구불구불해져서 대기의 흐름이 멈춰 있는 곳이 생기게 됩니다. 즉, 기압계가 이동하지 않고 한곳에 머물러 있는 '블로킹 현상'이 일어납니다. 고기압과 저기압이 이동하지 않고 가만히 있으면 날씨가 변하지 않습니다. 그래서 오랫동안 뜨겁거나 춥거나, 비가 내리거나 내리지 않는 일이 벌어지는 것입니다. 또 바람이 강하게 불지 않아 미세 먼지 농도 또한 올라갑니다. 2018년에 우리를 괴롭힌 더위가 오랜 기간 이어진 이유도 이 때문입니다.

지구 온난화로 변화하고 있는 제트 기류

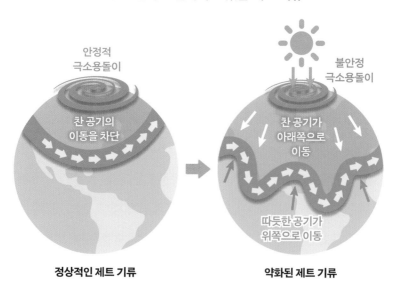

안정적
극소용돌이

찬 공기의
이동을 차단

정상적인 제트 기류

불안정
극소용돌이

찬 공기가
아래쪽으로
이동

따듯한 공기가
위쪽으로 이동

약화된 제트 기류

북극이 추워야 제트 기류가 직선으로 흘러 블로킹 현상을 막을 수 있는데, 이때 북극 기온을 알 수 있는 지표가 바로 해빙의 면적입니다. 빙하가 아닌 해빙을 관찰하는 이유는 북극과 남극의 지형적 차이 때문입니다. 빙하는 눈이 육지에 쌓여 만들어진 얼음층이라면, 해빙은 바닷물이 얼어서 만들어진 것입니다. 북극은 바다에, 남극은 주로 육지에 얼음이 덮여 있습니다. 얼음이라는 공통점이 있지만 빙하와 해빙은 엄연히 다릅니다. 빙하가 녹으면 해수면이 상승하지만 해빙은 녹아도 해수면이 높아지지 않습니다.

자연에 있는 모든 것이 그러하듯 해빙도 제 역할이 있습니다. 햇빛을 그대로 흡수하는 바다와 달리, 해빙은 빛을 반사합니다. 바다의 열이 대기로 올라가는 것도 막아 줍니다. 해빙이 사라지면 바다는 더욱 뜨거워지고 그 열은 고스란히 대기로 이동해 온난화가 심해질 것입니다. 해빙은 바다의 흐름에도 큰 영향을 끼칩니다. 바다 표면은 바람의 힘으로 움직이지만 깊은 바다는 밀도 차이로 움직입니다. 북극 기온이 내려가 바닷물이 차가워지면 물은 얼고 소금은 그대로 남아 바닷물의 염도가 올라갑니다. 온도가 낮고 염도가 높은 바닷물은 심해로 가라앉습니다. 이 힘이 원동력이 되어 깊은 바닷물이 순환하는 것입니다. 만약 해빙이 모두 녹아 버리면 바다의 흐름이 약해지거나 최악의 상황에는 멈출 수 있습니다.

바다가 원활하게 순환하지 않으면 기후는 변합니다. 바다는 찬흐름인 한류와 더운흐름인 난류가 흐르면서 열을 이동시킵니다.

예를 들어 서유럽은 북대서양의 난류 덕분에 한국보다 고위도에 있음에도 더 온화한 겨울을 보낼 수 있는 것입니다. 그런데 만약 바다 흐름이 약해져 난류가 흐르지 않는다면 서유럽은 추위에 시달릴 것입니다.

북극 해빙의 면적은 1981년부터 2020년까지 꾸준히 줄어들었는데 최근 10년간 감소 폭이 더 커졌습니다.[2] 파리 협정에서 1.5도라는 정확하고 구체적인 목표를 정한 배경에는 해빙의 면적도 관련이 있습니다. 북극 해빙은 3월에 최대로 커졌다가 서서히 녹아 9월에 가장 작아지는데, 너무 더우면 여름철에 북극 해빙이 완전히 녹을 수도 있습니다. 과학자들은 이런 일이 1.5도 상승했을 때는 100년에 한 번 발생하지만, 2도가 오르면 10년에 한 번으로 잦아져 해빙이 영원히 복원될 수 없다고 예측합니다. 다시 말해 1.5도는 미래에 희망이 있는 온도라면 2도는 해빙이 완전히 사라질 수 있는, 희망이 없는 온도입니다. 해빙은 지킬 수 있을 때 보호해야 합니다.

바닷물이 차오르면
마실 물이 부족해진다

북극에 해빙이 있다면 남극에는 빙하가 있습니다. 앞서 말했듯이 빙하가 녹으면 해수면이 올라갑니다. 지난 30년간 우리나라의 해수면은 평균적으로 약 10센티미터 높아졌습니다. 이 수치는 지역에 따라 차이를 보입니다. 유독 동해안의 해수면이 많이 상승했는데 같은 기간 울릉도는 약 19센티미터, 포항은 약 14센티미터 높아졌습니다.[3] 바닷물이 차오르면 우리나라에는 어떤 일이 벌어질까요?

2017년에 제주도의 일부 농업용수에서 바닷물이 감지되었다는 충격적인 소식이 들렸습니다. 제주도는 생활하고 농사짓고 공장에서 필요한 모든 물을 지하수에서 얻고 있습니다. 여기에 최근 관광객까지 늘어나면서 더 많은 지하수를 끌어다 쓰고 있습니다. 그런데 이렇게 지하수 수위가 점점 내려가 바다 수위보다 낮아지는 시점이 오면 바닷물이 땅속으로 스며들어 지하수가 짠물로 변합니다. 이런 현상을 '해수 침투'라고 합니다. 바닷물이 차오르면 해안 도시에 해수 침투가 일어날 수 있고 이 때문에 지하수가 짠물로 변하면 해안 도시에는 어마어마한 식수난이 닥칠 것입니다.

세계 지도를 보면 미국의 뉴욕, 영국의 런던, 일본의 도쿄처럼 유독 바다 근처에 도시가 발달했습니다. 항구가 있는 지역은 육로와 항로로 물자를 이동할 수 있어 경제 발전에 유리하기 때문입니다. 우리나라 역시 인천, 부산 등 해안 도시가 많습니다. 해수면이 상승하면 물이 부족해져 우리나라를 비롯한 전 서계의 해안 도시가 어려움에 처할 수 있습니다.

지하수가 바닷물에 오염되면 다른 물을 쓰면 된다고 생각할지도 모릅니다. 그렇다면 다른 물이 충분한지도 살펴봐야 합니다. 지구에 물이 많지만 그중 대부분은 짠물, 다시 말해 염수입니다. 두 번째로 많은 물이 얼음과 눈의 형태로 있는 빙설입니다. 하지만 빙하나 만년설을 가져다 쓰면 지구가 더 빨리 뜨거워져 모두가 위험해집니다. 바닷물과 빙설을 제외하고 나면 전 세계 80억 명이 실제로 사용할 수 있는 지구상의 물은 채 1퍼센트도 안 됩니다. 이 물을 담수라고 하는데, 여기에는 강, 호수, 지하수 등이 있습니다. 그리고 그중에 지하수의 비중이 가장 큽니다.

전 세계적으로 담수가 줄어들자 바닷물을 마실 수 있는 물로 바꾸는 기술이 나왔습니다. 이것이 바로 '해수 담수화'입니다. 바닷물을 끌어와 이물질을 제거한 다음, 염분을 빼고 미네랄을 주입해

빙설 1.76%

호수, 하천 0.01% ················· 담수
지하수 0.76% ····· 0.77%

지구에서 담수가 차지하는 비중은 얼마나 될까?

바닷물
97.47%

출처: 「2022 세계 물의 날 자료집: 물과 미래」(한국 수자원 공사, 2022)

수돗물로 사용하는 것입니다. 해수 담수화 기술로 물을 보급하는 대표적인 나라가 카타르입니다. 덥고 비가 잘 내리지 않는 카타르는 인구 증가로 지하수가 부족해지자 해수 담수화 기술을 도입한 것입니다. 이제는 약 75퍼센트의 지역에서 바닷물을 담수로 바꿔 사용하고 있습니다.[4] 하지만 이 역시 장기적인 대안이 될 수 있을지 의문입니다. 바닷물을 담수로 바꾸기 위한 공장은 당연히 에너지가 필요합니다. 이런 해수 담수화 공장이 늘어날수록 지구는 더 빨리 뜨거워질 것입니다.

온난화를 바라보는 시선에는 대표적으로 두 가지가 있습니다. 지구가 뜨거워짐에 따라 일어나는 변화를 받아들이고 그 환경에 적응하며 살자는 주장과, 적극적으로 온실가스를 줄이자는 의견이 있습니다. 얼핏 들으면 둘 중 하나를 선택해야 하는 문제 같지만 현세대와 미래 세대가 공존하기 위해서는 적응과 감축을 적절히 혼합해야 합니다.

먼저 가까운 미래를 위해서는 변화를 받아들이고 위기를 예측해 그에 따른 대책을 마련해야 합니다. 다음으로 이보다 먼 미래를 위해서는 적극적으로 온실가스를 줄이고 재생 에너지 비중을 늘려야 합니다. 현재의 온난화는 과거에 사용한 화석 연료가 만들어 낸 결과이기 때문에 지금의 노력이 미래를 좌우합니다.

지구 온도가 1.5°C와 2°C 상승했을 때의 차이

	1.5°C	2°C	대비
🌡️ 중위도 폭염 기온	↑ 3°C 상승	↑ 4°C 상승	1°C 상승
⛰️ 북극 해빙 완전 소멸 빈도	100년에 한 번 → 복원 가능	10년에 한 번 → 복원 어려움	10배 약화 1.5°C 초과 시 남극 해빙 및 그린란드 빙상 손실
〰️ 해수면 상승	0.26~0.77m	0.30~0.93m	약 10cm 증가
🌿 산호 소멸	70~90%	99%	최대 29% 증가
🐟 바다 어획량	↓ 150만 톤 감소	↓ 300만 톤 감소	2배 약화
서식지 절반 이상을 잃는 종 · 척추동물	4%	8%	2배 약화
서식지 절반 이상을 잃는 종 · 식물	8%	16%	2배 약화
서식지 절반 이상을 잃는 종 · 곤충	6%	18%	3배 약화
💧 물 부족 인구	1.5°C 대비 최대 50% 증가		
👥 빈곤 인구	2°C 온난화에서 2050년까지 최대 수 억 명 증가		

출처: 「지구 온난화 1.5도 특별 보고서 SPM 주요 내용」(기상청, 2018)

반대로 노력하지 않으면 어떤 미래가 찾아올까요? 지구의 온도가 2도 높아지면 당연히 대다수 지역의 온도가 올라가지만 일부 지역은 더 큰 영향을 받습니다. 예를 들어 우리나라 같은 중위도 지역은 폭염일 때 온도가 4도 높아집니다. 게다가 전 세계적으로 해수면이 높아져 1,000만 명 이상이 위험해지고, 물이 부족해 고통을 겪는 인구가 50퍼센트나 늘어납니다. 이뿐 아니라 수억 명이 빈곤에 시달리게 됩니다. 물론 생태계도 위기에 처합니다. 바다의 열대우림인 산호초는 99퍼센트 이상 사라지고 어획량은 300만 톤 이상 줄어듭니다. 1.5도일 때보다 서식지의 절반 이상을 잃는 동·식물 종이 2~3배 늘어납니다. 온난화를 막는 것이 곧 지속 가능한 환경에 살 권리를 지키는 일입니다.

희망 없는 땅과
선택받은 자

동남아시아 지역에서 가장 큰 나라인 인도네시아가 최근 수도 이전을 두고 갈등을 겪고 있습니다. 한 국가의 수도를 옮기는 일이 흔하지는 않지만 필요에 따라 종종 발생하곤 합니다. 대개 지역 간의 균형적인 발전을 위해 수도를 이전하는데 인도네시아는 그 배경이 조금 특별합니다. 수도인 자카르타가 바닷속으로 사라질지도 모를 위험에 처했기 때문입니다.

한 지역이 바다에 잠길 수 있는 시나리오는 두 가지입니다. 첫째는 바닷물이 육지를 덮을 정도로 높아졌을 때입니다. 실제로 온난화로 인해 카리브해, 대서양, 태평양, 인도양, 남중국해에 퍼져 있는 50개 넘는 작은 섬나라, 즉 군소 도서 개발국이 바다에 잠길 위기에 처했습니다. 세계에서 가장 친환경적으로 사는 나라들이 사라질지도 모르게 된 것입니다. 온난화를 막지 못하면 이곳에 사는 약 6,500만 명의 시민들은 다른 나라로 이주해야 합니다.[5]

두 번째 시나리오는 육지가 해수면 아래로 가라앉을 때입니다. 자카르타가 여기에 해당합니다. 1978년, 자카르타의 한 대교에 금이 가면서 지반에 문제가 생겼다는 사실이 밝혀졌습니다. 경제가 성장하는 과정에서 지하수를 무리하게 끌어다 쓰자 땅이 서서히 가라앉는 '지반 침하' 현상이 시작된 것입니다. 지반 침하를 막기 위해서는 지하수 수위를 관리해야 했지만, 문제를 그대로 둔 채 자카르타는 1,000만 명 이상이 사는 메가 시티로 발전했습니다.

현재 자카르타는 지반 침하에 더해 해수면까지 상승하면서 도시 전체가 위기에 빠졌습니다. 지역마다 차이가 있지만 1982년부터 2010년까지 추이를 살펴보면 보통 1년에 적게는 1센티미터, 크게는 15센티미터씩 가라앉았습니다. 바다와 맞닿아 있는 북쪽 지역에서는 1년에 최대 28센티미터까지 낮아진 곳도 있었습니다.[6]

지반이 낮아지면 지하수가 바닷물에 오염되기 쉽지만 홍수 피해도 늘어납니다. 바다는 밀물과 썰물에 의해 해수면의 높이가 올라갔다 내려갔다 합니다. 해수면이 높아졌을 때를 만조, 낮아졌을 때를 간조라고 하는데, 만조가 되면 바닷물이 많아져 저지대에 홍수가 일어납니다. 또한 지반이 낮아지면 물이 바다로 쉽게 빠져나가지 못해 범람하는 지역이 늘어납니다. 자카르타 역시 홍수로 골치를 앓고 있습니다. 1995년부터 2015년 사이에 큰 홍수가 무려 다섯 번이나 발생해 시민들에게 큰 피해를 안겼습니다. 2007년에는 우리 돈으로 5,000억 원이 넘는 경제적 피해가 발생했고,

2013년에는 홍수로 4만 5,000명의 이재민이 생겼습니다.[7] 자카르타에 희망이 없다고 판단한 인도네시아 정부는 결국 수도를 옮기기로 했습니다. 규모와 속도의 차이는 있지만, 지반 침하는 세계 곳곳에서 벌어지고 있습니다. 네덜란드의 헤이그, 멕시코의 멕시코시티, 미국의 뉴올리언스, 이탈리아의 베네치아, 중국의 상하이, 태국의 방콕도 겪고 있는 현상입니다.

차오르는 바닷물과 가라앉는 땅은 모두 급속한 경제 발전에서 비롯된 일입니다. 이렇게 위기에 처한 도시들이 늘어나자, 획기적인 해결 방법을 떠올린 나라도 있습니다. 2017년에 사우디아라비아는 친환경 스마트 도시를 건설하겠다며 '네옴' 프로젝트를 발표했습니다. 물 한 방울 없는 사막 위에 도시를, 흙 한 줌 없는 바다 위에 산업 단지를 세우겠다는 것입니다.

계획에 따르면 구역마다 주거 시설이 들어서고, 학교와 상점 같은 편의 시설은 주거지에서 도보나 자전거로 5분이면 갈 수 있는 거리에 들어섭니다. 다른 구역으로 이동할 때는 초고속 운송 수단을 이용하면 되니 자동차가 필요 없습니다. 물은 해수 담수화 시설을 이용해 보급하고 여기에 필요한 에너지는 재생 에너지를 사용합니다. 식량은 농업 시설을 지어 자급합니다. 석유 수출로 벌어들인 돈으로 나라의 살림을 꾸리고 식량 대부분을 수입에 의존하는 지금의 사우디아라비아와 비교해 보면 굉장히 혁신적인 생각입니다.

사막, 해양, 우주에 도시를 건설하자는 의견은 화석 연료 사용을 줄이자는 말보다 매력적으로 들립니다. 불편함을 감수하지 않고 현재를 즐길 만큼 즐기다 새로운 곳으로 이주하기만 하면 되니 말입니다. 인간의 뛰어난 적응력과 명석한 두뇌라면 언젠가 이런 일이 가능할지도 모릅니다. 그런데 한 가지 고민해 봐야 할 문제가 있습니다. 희망이 없는 땅에 누가 남겨지고, 미래 도시에는 누가 들어갈까요? 네옴 프로젝트 공사가 시작되자 그곳에 살던 원주민들은 쫓겨나고 말았습니다. 그리고 그 자리에는 가장 먼저 사우디아라비아 왕족을 위한 궁전과 골프장이 지어졌습니다. 새로운 도시에 정착할 수 있는 사람은 과연 누구일까요?

네옴 프로젝트 중 하나인 바다 위 첨단 산업 단지 '옥사곤'(조감도)

기후 변화가
분쟁을 일으킨다

　　2022년, 우리나라 헌법 재판소 앞에 어린이 60여 명이 모였습니다. 정부가 세운 온실가스 감축 목표가 자신들의 미래를 지키기에 부족하다고 느낀 아이들이 국가를 상대로 소송을 제기한 것입니다. 아이들은 미세 먼지를 마시면서 학교에 갈 때마다 불안함을 느낀다고 토로했습니다. 온난화로 일어날 위기를 고스란히 미래 세대에게 떠넘기는 어른들이 무책임하다고 목소리를 냈습니다. 부모님이 시켜서 하는 행동이 아니라 자발적으로 하는 소송이라는 말도 덧붙였습니다. 기후 소송은 우리나라뿐만 아니라 전 세계적으로 일어나고 있습니다. 주목할 점은 미래를 살아갈 아이들이 여기에 적극적으로 참여한다는 것입니다.

　　파리 협정은 전 세계가 이루고자 하는 목표를 정했다는 점에서 칭찬받을 만하나 목표 달성 방법에는 한계가 있습니다. 각 나라의 자발적인 참여에 기대고 있을 뿐 강제성이 없다는 것입니다. 지구의 온도가 1.5도 이상 올라가지 않게 하려면 2030년까지 2019년도 전 세계 온실가스 배출량 대비 43퍼센트나 줄여야 합니다.[8] 그래서 무엇보다 각국 정부의 결단이 필요한데 이를 움직일 가장 강력한 힘은 투표입니다. 그런데 정작 투표권이 있는 어른들은 눈앞에 닥친 부동산 가격, 물가 상승, 안보 문제를 더 중요하게 여깁니다. 기후 위기는 정말 '미래'의 문제일까요?

기후 변화로 우리에게 발생한 직접적인 피해는 건강과 재산입니다. 폭염을 예로 들어 보겠습니다. 기온이 올라가면 체온 조절이 힘들어 온열 질환으로 고통받는 환자가 늘어납니다. 2015년도에 2만 1,000명이었던 국내 온열 질환자의 수가 2018년도에는 4만 4,000명을 넘었습니다. 이뿐만 아니라 가축과 양식장의 물고기가 더위를 이기지 못하고 죽는 일이 발생합니다. 2017년에 닭 640만 마리, 오리 26만 마리, 돼지 7만 마리 이상이 폐사했습니다. 2018년에는 양식 물고기가 폐사하는 바람에 250억 원이 넘는 손해가 발생했습니다. 농축산물의 피해가 커지면 농민과 어민만 타격을 입는 것이 아닙니다. 하루 평균 기온이 1도 오르면 배추 가격이 전날보다 289원 증가한다는 연구 결과가 보여 주듯이 모든 시민이 물가 상승으로 인한 피해를 겪게 됩니다.[9]

위기는 사람을 불안에 떨게 합니다. 경제 위기나 사회적 불평등처럼 원래 우리 사회에 있던 문제에 더해 기후 변화로 또 다른 위기가 생기면, 그간 참고 있던 분노가 한꺼번에 터지기도 합니다.

물가는 상승하는데 임금은 오르지 않을 때, 식량 가격이 치솟아 가족이 굶어야 할 때, 사람들은 거리로 나와 국가를 향해 시위합니다. 문제가 해결되지 않으면 분노가 무력 충돌로 번져 나라의 평화가 깨지기도 합니다.

이는 상상 속 미래가 아닙니다. 실제로 수단의 다르푸르라는 지역에서 기후 변화로 인한 분쟁이 일어났습니다. 수단은 힘든 식민지 시기를 거치면서 아랍계 민족과 비아랍계 소수 민족으로 분열되었습니다. 다르푸르에는 유목 생활을 하는 아랍계 사람들과 농사를 짓는 아프리카계 사람들이 각각 북쪽과 남쪽에 살고 있었습니다. 그런데 1990년대에 가뭄으로 사막화가 일어나자 두 민족 사이에 갈등이 일었습니다. 북쪽에 살던 아랍계 사람들이 목초지를 찾아 남쪽으로 내려왔고, 아프리카계 사람들은 자기들 땅을 침범한 이들에게 반감을 보였습니다.

결국 2003년에 아랍계 정부군과 아프리카계 반군 사이에 전투가 벌어졌습니다. 힘의 균형이 무너지자 정부군이 비아랍계 사람들을 죽이는 대대적인 민족 학살이 일어났습니다. 수십만 명이 목숨을 잃었지만 내전은 아직도 끝나지 않았습니다. 가뭄이 민족 갈등에 방아쇠를 당겼다고 해서 다르푸르 사태를 '기후 분쟁'이라고 부르기도 합니다.

물을 둘러싼 분쟁 또한 일어나고 있습니다. 전 세계에 300개가 넘는 강이 두 나라 이상을 거쳐 흐르고 있습니다. 이렇게 한 개

물 분쟁이 일어난 지역

오대호
미국, 캐나다

콜로라도강 리오그란데강
멕시코, 미국

파라나강
브라질, 아르헨티나

라인강
네덜란드, 독일,
오스트리아, 프랑스,

요르단강
레바논, 시리아,
요르단, 이스라엘

나일강
이집트 등
9개국

도나우강
독일, 오스트리아 등
9개국

유프라테스강
티그리스강
시리아, 이라크, 터키

갠지스강
네팔, 인도,
중국, 방글라데시

메콩강
라오스, 미얀마,
베트남, 중국,
캄보디아, 태국

출처: 「2022 세계 물의 날 자료집: 물과 미래」(한국 수자원 공사, 2022)

의 강을 여러 나라가 공유하는 상황에서 물이 부족해지면 상류 지역의 나라들은 물을 확보하기 위해 더 많은 댐을 짓습니다. 그렇게 되면 내려오는 물이 부족해져 하류 지역의 나라들이 피해를 입게 됩니다. 현재 40여 개의 나라가 이러한 갈등에 휩싸였는데, 온난화가 심해지면 물 분쟁은 더욱 늘어날 것입니다.

일반적으로 '안보'라고 하면 국가를 지키는 일이라고 생각합니다. 그래서 정부는 국가의 존립을 위협하는 전쟁을 막는 것을 안보의 최우선 과제로 여겨 왔습니다. 하지만 시대가 바뀌면서 안보에 대한 개념도 조금씩 변하고 있습니다. 최근에는 인권이 중요한 가치로 떠오르면서 '인간 안보'라는 개념이 등장했습니다. 인간 안보는 보호해야 할 대상을 국가가 아닌 개인으로 설정합니다. 그러면 개인 일상을 파괴할 수 있는 문제도 안보를 해치는 위협 요인이 됩니다. 따라서 인간 안보의 관점에서 보면 시민의 안녕을 해치는 온난화는 안보를 위협하는 일이고, 당연히 정부는 안보를 지키기 위해 온난화를 막아야 합니다.

온난화가 시급하고 중요한 문제인 이유는 1.5도 도달 시점이 그리 멀지 않았고, 이를 넘기면 국가의 존립과 시민의 일상을 해칠 수 있기 때문입니다. 해수면 상승으로 국토가 사라지거나 기후 전쟁이 일어나면 국가의 존립이 위협받습니다. 물과 식량 부족, 온열 질환자 증가, 기후 난민 발생 등 사회 전반에 부정적인 영향을 끼쳐 시민들의 삶이 위태로워질 것입니다. 국가와 시민을 지키기 위해서는 반드시 온실가스를 줄여야 합니다.

기후 변화로 인한 피해는 매년 여러 차례 반복되고 있습니다. 2010년부터 2019년까지 10년 동안 우리나라에 발생한 이상 기후를 살펴보면 이상 고온 현상은 해마다 일어났습니다. 구체적으로 여름철 폭염이 7번, 다른 계절에 나타난 이상 고온 현상이 6번이었습니다. 두 번째로 많이 발생한 현상은 호우와 태풍으로 총 6번을 기록했으며 한파는 5번, 가뭄은 3번, 대설은 2번 찾아왔습니다. 지난 10년간 해마다 2개 이상의 기후 변화 현상이 벌어진 셈입니다.

지난 2021년, 기후 변화를 막기 위해 우리나라는 2018년 배출량을 기준으로, 2030년까지 온실가스를 40퍼센트 줄이겠다고 전 세계에 약속했습니다. 이제 중요한 건 약속을 지키는 일입니다. 그런데 정부가 제대로 행동하는지를 시민이 감시하지 않으면 또다시 허울뿐인 말만 되풀이될 것입니다. 2020년 지구의 온도는 산업화 이전보다 1.2도 상승했습니다. 약속한 1.5도까지 얼마 남지 않았습니다. 지속 가능한 미래를 위해서 우리나라는 이제 변해야만 합니다.

탄소 중립 지자체
만들기

지난 2021년, 우리나라의 모든 지자체가 2050년까지 '탄소 중립'을 달성하겠다고 선언했습니다. 탄소 중립은 배출하는 이산화탄소의 양과 흡수하거나 제거하는 이산화탄소의 양을 똑같이 만들어 실질적인 탄소 배출량을 '0'으로 만들겠다는 의미입니다. 이제 남은 일은 지자체가 실천하는 것입니다. 시민으로서 지자체가 약속을 잘 이행하고 있는지 감시해 주세요.

탄소 중립을 위한 기반이
마련되어 있는지 알아보기

우리 지역 홈페이지에 들어가 탄소 중립 계획을 실현하는 데 필요한 조직이 구성되어 있는지 확인해 주세요. 예를 들어 서울시 도봉구는 정책을 자문하고 심의하는 데 도움을 줄 전문가 15명을 위촉해 '기후 변화 대책 위원회'를 만들었습니다. 여기에 더해 전국 최초로 「서울특별시 도봉구 탄소 중립 기본 조례」를 제정했습니다.

우리 지역 탄소 중립 목표량과
세부 계획 살펴보기

탄소 배출을 언제까지 얼마나 줄이고, 재생 에너지 사용률을 얼마나 높일지 지자체의 확실한 목표가 있어야 합니다. 또한 목표 달성을 위해서는 세부 계획이 구체적이고 실현 가능해야 합니다. 지자체 홈페이지에서 분야별 계획과 이에 따른 예산 계획이 나와 있는지 확인해 주세요. 예를 들어, 경기도 화성시는 2022년도에 '탄소 중립 계획 보고서'를 발표해 지역 주민들과 소통하고 있습니다. 화성시는 2030년까지 3.69조 원을 투입해 온실가스를 매년 43만 톤 줄이고, 일자리를 10만 개 만들겠다고 발표했습니다.

지자체가 시행 결과를
공유하는지 찾아보기

지자체가 한 해 동안 어떤 사업을 진행했고, 어떤 성과가 있었는지 살펴 주세요. 이때 평가 지표에 따른 성과가 나와 있는지 확인해야 합니다. 예를 들어 경기도 화성시는 2021년도에 1,658억 원의 예산을 들여 온실가스 1만 4,500톤을 줄이고, 2,800개의 일자리를 만들었다고 발표했습니다. 이 밖에도 보고서를 통해 교통, 에너지·산업, 환경·재활용, 농업·녹지 분야별 성과를 공유했습니다.

주

1부 깨끗한 환경에 살 권리

01 냄새 정복하기

1 국립환경과학원 「제2차 악취방지 종합시책 수립을 위한 연구」, 환경부 2018.

2 환경부 「쾌적한 생활환경 조성을 위한 제2차 악취방지종합시책(2019~2028)」, 환경부 2018.

3 고용노동부, 한국산업안전보건공단 「밀폐공간 질식재해예방 안전작업 가이드」, 한국산업안전보건공단 2020.

02 미세 먼지의 공격 피하기

1 Rob Garner, "NASA Satellite Reveals How Much Saharan Dust Feeds Amazon's Plants." NASA, February 22, 2015. https://www.nasa.gov/content/goddard/nasa-satellite-reveals-how-much-saharan-dust-feeds-amazon-s-plants.

2 H. W. Lee, S. C. Kang, S. Y. Kim, Y. J. Cho, & S. Hwang, "Long-term Exposure to PM10 Increases Lung Cancer Risks: A Cohort Analysis." Cancer Research and Treatment 54, n. 4(2022): 1030-1037.

3 OECD Data, "Exposure to PM2.5 in Countries and Regions." 2023. https://stats.oecd.org/Index.aspx?DataSetCode=EXP_PM2_5.

4 권명희 외 「주거환경 중 주방에서 발생되는 실내 오염물질 관리방안 연구: 조리 과정에서 발생되는 오염물질을 중심으로」, 국립환경과학원 2013.

5 WHO, "WHO Releases New Repository of Resources for Air Quality Management." September 7, 2022.

6 유이선, 이재윤 「미세먼지가 국내 소매판매에 미치는 영향」, 산업연구원 I-KIET 산업경제이슈 2017.

7 컨슈머인사이트 「[CI 여행리포트 18-13] 황사·미세먼지 심하면 '여행계획 취소할 것', 40% 넘어」(보도자료), 『주례 여행 행태 및 계획 조사』, 세종대학교 관광산업연구소, 컨

슈머인사이트 소비자동향연구소 2018. 05. 02.

8   김형종「대기오염이 관광 수요에 미치는 영향 분석」, 한국문화관광연구원 2019.

9   농림축산식품부, 농촌진흥청「축산수첩 - 농축산 분야별 미세먼지 저감 대책 발표」,
     『오리마을』194호, 한국오리협회 2019, 33-38면.

10   민지원「미세먼지에 대한 국민 인식 조사」, 현대경제연구원 2019.

11   문진영, 김은미, 최은혜「국제사회의 장거리이동 대기오염 대응사례와 시사점」, 대외
     경제정책연구원 2017.

12   김은아「국가 간 대기오염 이동 문제해결 여건 비교분석: 동북아 미세먼지 문제와의 비
     교」, 『환경정책』제28권 제4호, 한국환경정책학회 2020, 113-146면.

03 쓰레기 바로 알기

1   한국폐기물협회「폐기물통계」, http://www.kwaste.or.kr/bbs/content.php?co_
     id=sub0401(2023. 03. 20. 검색).

2   OECD, "Global Plastics Outlook: Economic Drivers, Environmental Impacts and
     Policy Options." 2022. https://doi.org/10.1787/de747aef-en.

3   김지애, 이혜영, 문경준, 박혜경「낭비되는 의약품 규모, 비용 및 요인 분석 연구: 미사
     용으로 버려지는 처방전약 중심으로」(G000F8K-2019-2), 건강보험심사평가원 2018.

4   경기대학교 산학협력단「환경 중 의약물질 분석방법 연구 및 노출실태조사」, 국립환경
     과학원 2006.

5   International Aluminium Institute(IAI), "Aluminium Sector Greenhouse Gas
     Pathways to 2050." 2021. https://international-aluminium.org/resource/
     aluminium-sector-greenhouse-gas-pathways-to-2050-2021/.

6   남윤미, 최종현, 장용철, 이진홍「알루미늄캔 재활용에 따른 온실가스 감축량 및 에너
     지 절감량 산정」, 『한국폐기물자원순환학회지』제33권 제1호, 한국폐기물자원순환학
     회 2016, 29-37면.

2부 건강한 환경에 살 권리

04 빛 공해 벗어나기

1   Y. S. Koo et al., "Outdoor Artificial Light at Night, Obesity, and Sleep Health:
     Cross-Sectional Analysis in the KoGES Study." Chronobiology International 33,

no. 3(2016): 301-314.

2 관계부처합동「"편안하게 잠드는 밤 은하수가 보이는 하늘 조성을 위한" 빛공해 방지 종합계획 (2019~2023)」, 기획재정부, 행정안전부, 문화체육관광부, 농림축산심품부, 산업통상자원부, 보건복지부, 환경부, 국토교통부 2018.

3 환경부「빛 공해와 통풍방해로 인한 농작물 피해 배상 기준 제정」(보도자료), 환경부 2016. 09. 08. http://www.me.go.kr/home/web/board/read.do?boardMasterId=1&boardId=678170&menuId=286

4 Frank Van Langevelde, Roy H. A. van Grunsven, Elmar M. Veenendaal and Thijs P. M. Fijen, "Artificial Night Lighting Inhibits Feeding in Moths." Biology Letters 13, no. 3(2017): 20160874.

5 Douglas H. Boyes et al., "Is Light Pollution Driving Moth Population Declines? A Review of Causal Mechanisms across the Life Cycle." Insect Conservation and Diversity 14, no, 2(2021): 167-187.

6 Douglas H. Boyes, Darren M. Evans, Richard Fox, Mark S. Parsons, and Michael J. O. Pocock, "Street Lighting Has Detrimental Impacts on Local Insect Populations." Science Advances 7, no. 35(2021): eabi8322.

7 Inbal Ayalon et al., "Coral Gametogenesis Collapse under Artificial Light Pollution." Current Biology 31, no. 2(2021): 413-419.

05 일상의 소음 줄이기

1 환경부「2020년 소음·진동 관리시책 시·도별 추진실적」, 환경부 2021.

2 European Environment Agency, "Environmental Noise in Europe – 2020", EEA Report, No 22/2019, March 5, 2020.

06 핵에너지 안전하게 관리하기

1 한국에너지공단「에너지 첫걸음」, 한국에너지공단 2022.

2 bp, "Statistical Review of World Energy 2021 I 70st Edition." bp, 2021.

3 IEA, "Statistics Report: Key World Energy Statistics 2021." IEA, 2021.

4 Altti Lucander「핀란드 Olkiluoto 원전의 사용후연료 최종 처분장의 선택과 수용에 있어서 대중의 참여. 방폐물 처분장 및 사용후연료 국제 심포지엄」,『원자력산업』제 27권 제11호, 한국원자력산업회의 2007, 54-58면.

3부 지속 가능한 환경에 살 권리

07 동물과 더불어 살기

1 동물실험윤리위원회「2021년도 동물실험윤리위원회 운영실적 및 실험동물 사용실태」, 동물실험윤리위원회 2022.

2 행정안전부「'17년 12월 재난안전 상황분석 결과 및 중점관리 대상 재난안전사고」, 행정안전부 2017. https://www.mois.go.kr/frt/bbs/type001/commonSelectBoardArticle.do?bbsId=BBSMSTR_000000000336&nttId=60812.

3 농림축산검역본부「(2016년~2017년)고병원성 조류인플루엔자 역학조사분석보고서」, 농림축산식품부 2018.

4 국가인권위원회「국가인권위원회 공보 제16권 제6호」, 국가인권위원회 2018. https://www.humanrights.go.kr/base/board/read?boardManagementNo=117&boardNo=7603658&searchCategory=&page=3&searchType=&searchWord=&menuLevel=3&menuNo=112.

5 국가인권위원회「가축 살처분 참여자 76% 외상 후 스트레스 장애 우려」(보도자료), 국가인권위원회 2019. 01. 04. https://www.humanrights.go.kr/site/program/board/basicboard/view?&boardtypeid=24&menuid=001004002001&boardid=7603670.

6 한국농수산식품유통공사 KAMIS 농산물 유통정보「축산물 소매가격(축평원)」, https://www.kamis.or.kr/customer/price/livestockRetail/old/item.do(2023. 03. 20. 검색).

08 지구 온도 낮추기

1 관계부처합동「2019년 이상기후보고서」기상청 2020.

2 국가기상위성센터 위성분석과「2020년 북극해빙 분석보고서」, 기상청 2020.

3 바다누리 해양정보서비스「관측자료 기반 과거 해수면 변동」, http://www.khoa.go.kr/oceangrid/gis/category/observe/observeSearch.do?type=EYS#none(2022. 06. 09. 검색).

4 Mehzabeen Mannan, Mohamed Alhaj, Abdel Nasser Mabrouk, Sami G. Al-Ghamdi, "Examining the life-cycle environmental impacts of desalination: A case study in the State of Qatar." Desalination 452(2019): 238-246.

5 "About Small Island Developing States." UN, Retrieved March 24, 2023. https://

www.un.org/ohrlls/content/about-small-island-developing-states.

6 Hasanuddin Z. Abidin, Heri Andreas, Irwan Gumilar et al., "Land subsidence of Jakarta (Indonesia) and Its Relation with Urban Development." Natural Hazards 59(2011): 1753-1771.

7 Miguel Esteban et al., "Adaptation to Sea Level Rise: Learning from Present Examples of Land Subsidence." Ocean&Coastal Management 189(2020): 104852.

8 환경부「제28차 유엔기후변화협약 당사국총회 폐막」(공동 보도자료), 환경부 2023. 12. 13. https://me.go.kr/home/web/board/read.do?boardMasterId=1&boardId=1644320&menuId=10525.

9 기후변화리스크연구단「2020 폭염영향 보고서」, 한국환경연구원 2020.

참고 문헌

1부 깨끗한 환경에 살 권리

01 냄새 정복하기

- 고용노동부, 한국산업안전보건공단 「밀폐공간 질식재해예방 안전작업 가이드」, 한국산업안전보건공단 2020.
- 국립환경과학원 「제2차 악취방지 종합시책 수립을 위한 연구」, 환경부 2018.
- 김민정 「봉준호가 밝힌 기생충 속 '냄새'…"사람의 현실과 처지"」, 『이데일리』 2019. 06. 07. https://www.edaily.co.kr/news/read?newsId=01407126622519424&mediaCodeNo=257.
- 김재홍 「"공중화장실 황화수소 질식사고, 예견된 인재" 부산환경운동연합」, 『연합뉴스』 2019. 08. 08. https://www.yna.co.kr/view/AKR20190808093900051.
- 김형환 「'냄새난다' 친구들의 인종차별·따돌림에 극단적 선택한 美 흑인 10세 여아」, 『세계일보』 2021. 11. 15. https://m.segye.com/view/20211115509928.
- 「산업안전보건기준에 관한 규칙 제618조」.
- 서울특별시 기후환경본부 「서울시, 직화구이 음식·인쇄소 등에 '악취방지시설' 설치비 최대 90% 지원」, 서울특별시 2023. https://news.seoul.go.kr/env/archives/514315.
- 「악취방지법 제16조의7(생활악취 관리)」.
- 코르뱅, 알랭 『악취와 향기』, 주나미 옮김, 오롯 2019.
- 염기석 「숯불구이 연기에 불만…살인미수 40대 체포」, 『KBS뉴스』 2018. 06. 22. https://news.kbs.co.kr/news/view.do?ncd=3668171.
- 오종탁 「"고깃집 악취에 못 살겠다" 플래카드까지…곳곳이 전쟁터」, 『시사저널』 2019. 08. 20. https://www.sisajournal.com/news/articleView.html?idxno=189826.
- 우창수 「'고기굽는 냄새' 주택가 기습 여름밤 공포」, 『익산열린신문』 2019. 08. 08. http://www.iksanopennews.com/news/articleView.html?idxno=480640.
- 이승훈 「"밤마다 '고깃집 냄새' 코를 찔러 못살겠어요"」, 『부산일보』 2019. 09. 13 https://www.busan.com/view/busan/view.php?code=2019031319113473354.

- 정한서 「화장실 갔다가 질식사···'황화수소'가 뭐길래 [뉴스+]」, 『세계일보』 2021. 06. 30. https://m.segye.com/view/20210630510307.
- 조용휘 「부산 조선소 화장실서 황화수소·암모니아 누출···2명 사망」, 『동아일보』 2021. 06. 27. https://www.donga.com/news/Society/article/all/20210627/107660284/1.
- 조재영 「봉준호 "'기생충' 인간에 대한 예의·존엄에 관한 이야기"」, 『연합뉴스』 2019. 05. 28. https://www.yna.co.kr/view/AKR20190528157300005.
- 최민아 『눈 감고, 도시』, 효형출판 2019.
- 고용노동부 「화학물질 및 물리적 인자의 노출기준 제5조 제1항」.
- 환경부 「악취관리 편람(2012)」, 환경부 2012.
- 환경부 「음식점 냄새관리 가이드북」, 환경부 2017.
- 환경부 「쾌적한 생활환경 조성을 위한 제2차 악취방지종합시책(2019~2028)」, 환경부 2018.
- 황선윤 「공중화장실 황화수소 흡입 두달만에···여고생의 어이없는 죽음」, 『중앙일보』 2019. 09. 30. https://www.joongang.co.kr/article/23590727#home.
- "Family sue after being kicked off flight 'for body odour'." BBC, January 31, 2020. https://www.bbc.com/news/world-us-canada-51324481.
- Kaur, Harmeet, Hassan, Carma, "A Couple Alleges They Were Kicked off a Flight Because of Their Religion. American Airlines Claims It Was Their Body Odor." CNN, February 1, 2020. https://edition.cnn.com/2020/01/31/us/american-airlines-discrimination-lawsuit-jewish-trnd/index.html.
- Manno, Adam, "Black girl, 10, kills herself after being 'bullied' at school just weeks after DOJ found her Utah school district was plagued by 'racial harassment'." Dailymail, November 10, 2021. https://www.dailymail.co.uk/news/article-10188435/Black-girl-10-kills-bullied-school-district-racial-harassment.html.

02 미세먼지 피하기

- E-나라지표 「암 발생 및 사망 현황」, https://www.index.go.kr/unity/potal/main/EachDtlPageDetail.do?idx_cd=2770(2023. 04. 07. 검색).
- 곽노필 「인간을 격리했더니···가려졌던 지구 모습이 복원됐다」, 『한겨레』 2020. 04. 13. https://www.hani.co.kr/arti/science/future/936780.html.
- 국가지표체계 「현재 흡연율」, https://www.index.go.kr/unity/potal/indicator/IndexInfo.do?cdNo=2&clasCd=10&idxCd=F0060

- 권명희 외「주거환경 중 주방에서 발생되는 실내 오염물질 관리방안 연구: 조리 과정에서 발생되는 오염물질을 중심으로」, 국립환경과학원 2013.
- 김은아「국가 간 대기오염 이동 문제해결 여건 비교분석: 동북아 미세먼지 문제와의 비교」, 『환경정책』 제28권 제4호, 한국환경정책학회 2020, 113-146면.
- 김형종「대기오염이 관광 수요에 미치는 영향 분석」, 한국문화관광연구원 2019.
- 김희윤「'산소 1캔 13500원 vs 산소 한 봉지 1600원' 미세먼지 대처도 양극화?」, 『아시아경제』 2019. 01. 17. https://cm.asiae.co.kr/article/2019011617174822111.
- 농림축산식품부, 농촌진흥청「축산수첩 - 농축산 분야별 미세먼지 저감 대책 발표」, 『오리마을』 194호, 한국오리협회 2019, 33-38면.
- 「대기환경보전법 시행규칙 제58조(비산먼지 발생사업의 신고 등)」.
- 문진영, 김은미, 최은혜「국제사회의 장거리이동 대기오염 대응사례와 시사점」, 대외경제정책연구원 2017.
- 민지원「미세먼지에 대한 국민 인식 조사」, 현대경제연구원 2019.
- 손민정, 남기정「미세먼지와 식물의 상호작용: 국내외 연구동향 및 생태적 영향 고찰」, 『생태와 환경』 제53권 제4호, 한국하천호수학회 2020, 436-444면.
- 유이선, 이재윤「미세먼지가 국내 소매판매에 미치는 영향」, 산업연구원 I-KIET 산업경제이슈 2017.
- 중앙암등록본부「2019년 국가암등록통계」, 보건복지부, 중앙암등록본부, 국립암센터 2021.
- 지성호「청정 '지리산 공기' 약국에서 판다…'하동 공기캔' 출시」, 『연합뉴스』 2017. 06. 28. https://www.yna.co.kr/view/AKR20170627056300052.
- 최준영「중국에서 날아오는 미세먼지 문제, 유럽의 지혜를 빌리다」, 『세계와 도시』 19호, 서울시, 서울연구원 2017, 21-30면.
- 최현진, 김유미, 이병권「실내공기질 관리 및 개선을 위한 기초연구」, 한국환경정책·평가연구원 2019.
- 컨슈머인사이트「[CI 여행리포트 18-13] 황사·미세먼지 심하면 '여행계획 취소할 것', 40% 넘어」(보도자료), 『주례 여행 행태 및 계획 조사』, 세종대학교 관광산업연구소, 컨슈머인사이트 소비자동향연구소 2018. 05. 02.
- 홍기훈「황사와 해양」, 『자연보존』 149권, 한국자연환경보전협회 2009, 13-19면.
- 환경부 국가미세먼지정보센터「2019년 부문별 배출량」, https://www.air.go.kr/capss/emission/sector.do?menuId=30(2023. 04. 08. 검색).
- 환경부 수도권대기환경청「오염원별배출량」, https://www.me.go.kr/mamo/web/index.

do?menuId=590(2023. 04. 08. 검색)

- 환경부「바로 알면 보인다. 미세먼지, 도대체 뭘까?」, 환경부 2016.
- 환경부「미세먼지! 무엇이든 물어보세요」, 환경부 2019.
- 환경부「실내공기 제대로 알기 100문 100답」, 환경부 2019.
- 환경부「비산먼지 관리 매뉴얼」, 환경부 2021.
- Dinwoodie, D. H., "The Politics of International Pollution Control: the Trail Smelter Case." International Journal 27, n. 2(1972): 219-235.
- Garner, Rob, "NASA Satellite Reveals How Much Saharan Dust Feeds Amazon's Plants." NASA, February 22, 2015. https://www.nasa.gov/content/goddard/nasa-satellite-reveals-how-much-saharan-dust-feeds-amazon-s-plants.
- Lee, H. W., Kang, S. C., Kim, S. Y., Cho, Y. J.&Hwang, S., "Long-term Exposure to PM10 Increases Lung Cancer Risks: A Cohort Analysis." Cancer Research and Treatment 54, n. 4(2022): 1030-1037.
- Niedermeier, N. et al., "Mass Deposition Fluxes of Saharan Mineral Dust to the Tropical Northeast Atlantic Ocean: An Intercomparison of Methods." Atmospheric Chemistry and Physics 12, n. 5(2012): 33025-33081.
- OECD Data, "Exposure to PM2.5 in Countries and Regions." 2023. https://stats.oecd.org/Index.aspx?DataSetCode=EXP_PM2_5.
- Plucinska, J., "A Restaurant in China Has Been Charging Diners a Fee to Breathe Unpolluted Air." Time, December 14, 2015. https://time.com/4148799/china-restaurant-clean-air-fee-pollution-smog/.
- "Summary Report of the 4th stage (2013-2017) LTP Project." Joint Research Project for = Long-range Transboundary Air Pollutants in Northeast Asia, 2019.
- WHO, "WHO Releases New Repository of Resources for Air Quality Management." September 7, 2022. https://www.who.int/news/item/07-09-2022-who-releases-new-repository-of-resources-for-air-quality-management.
- Wilson, J., "Saharan Dust Storm Covers Spain, Spreads out across Europe." AP, March 17, 2022. https://apnews.com/article/storms-france-environment-spain-weather-b7c2830cc0bda47bd1691aaf03d3061a.

03 쓰레기 바로 알기

- 강승탁「경북 의성 쓰레기산, 1년 8개월 만에 처리 완료」,『뉴데일리』2021. 02. 11.

https://tk.newdaily.co.kr/site/data/html/2021/02/09/2021020900304.html.

- 경기대학교 산학협력단「환경 중 의약물질 분석방법 연구 및 노출실태조사」, 국립환경 과학원 2006.
- 김민수「산업폐기물 소각장 들어서는데 환경영향평가 누락?」, 『거제뉴스광장』 2020. 06. 18. http://www.gjnewsplaza.com/news/articleView.html?idxno=13329.
- 김영현「말레이시아, 플라스틱 쓰레기 컨테이너 300여개 반송」, 『연합뉴스』 2021. 04. 07. https://www.yna.co.kr/view/AKR20210407085100077.
- 김정문「미세먼지 주범이 중국?⋯국내 시멘트업체 때문에 '벙어리 냉가슴'」, 『에코타 임즈』 2022. 08. 18. http://www.ecotiger.co.kr/news/articleView.html?idxno=41969.
- 김지애, 이혜영, 문경준, 박혜경「낭비되는 의약품 규모, 비용 및 요인 분석 연구: 미사 용으로 버려지는 처방전약 중심으로」, 건강보험심사평가원 2018.
- 남윤미, 최종현, 장용철, 이진홍「알루미늄캔 재활용에 따른 온실가스 감축량 및 에너 지 절감량 산정」, 『한국폐기물자원순환학회지』 제33권 제1호, 한국폐기물자원순환학 회 2016, 29-37면.
- 「대기환경보전법 시행규칙 제15조(배출허용기준)」.
- 「마약류 관리에 관한 법률 시행령 제21조(몰수 마약류의 폐기방법)」.
- 문정임「[단독] 무허가업체에 쓰레기 처리 맡기고 환경평가 '패스'⋯제주는 '환경 무법 지대'」, 『국민일보』 2022. 05. 17. https://m.kmib.co.kr/view.asp?arcid=0017086756.
- 박미주「남은 옷 소각, 버버리만?⋯국내 업체들도 태운다」, 『아시아경제』 2018. 09. 13. https://www.asiae.co.kr/article/2018091014390049276.
- 서울대학교 보건대학원「위해 우려 의약물질의 생태위해성평가 연구」, 국립환경과학 원 2016.
- 손하늘「전국 소각장 180곳인데⋯이제서야 첫 노동자 건강 조사?」, 『MBC 뉴스』 2022. 03. 03. https://imnews.imbc.com/replay/2022/nwdesk/article/6346781_35744. html.
- 오재현「시멘트 산업에서의 자원재활용」, 『세라미스트』 제20권 제1호, 한국세라믹협 회 2017, 103-118면.
- 이정임, 동그라미「수도권매립지 이슈와 시사점」, 『이슈&진단』 제195호, 경기연구원 2015, 1-23면.
- 이효상「한국산 쓰레기 5100톤, 1년 반만에 필리핀서 반송된다」, 『경향신문』 2020. 01. 20. https://m.khan.co.kr/national/labor/article/202001201544001#c2b.
- 임요준「한 지붕 두 회사에 시설 운영 맡기고, 환경영향평가 해달라?⋯진천군 행정

신뢰도 밑바닥 추락」,『진천음성신문』 2022. 08. 26. http://www.jsiinews.com/news/articleView.html?idxno=1642.

- 한국에너지공단「국제기준에 부합하도록 신·재생에너지 기준 개선」,『KEA 에너지 이슈 브리핑』제106호, 한국에너지공단 2019, 1-5면.
- 한국폐기물협회「폐기물통계」, http://www.kwaste.or.kr/bbs/content.php?co_id=sub0401(2023. 03. 20. 검색).
- 홍수열「전화위복의 계기가 된 2018년 '쓰레기 대란'」,『세계와 도시』제23호, 서울시, 서울연구원 2018, 18-27면.
- 홍지연「글로벌 그린워싱(Greenwashing) 사례 및 규제 강화」,『자본시장포커스』 2022-03호, 자본시장연구원 2022, 1-5면.
- 환경부 자원순환국 자원순환정책과「지방자치단체 폐기물 처리시설 현황: 매립시설」, 국가통계포털 2023. https://kosis.kr/statHtml/statHtml.do?orgId=106&tblId=DT_106N_99_3300027.
- 환경부 자원순환국 자원순환정책과「지방자치단체 폐기물 처리시설 현황: 소각시설」, 국가통계포털 2023. https://kosis.kr/statHtml/statHtml.do?orgId=106&tblId=DT_106T_009432.
- 환경부「필리핀에서 반송된 불법 수출 폐기물 처리 완료」(보도자료), 환경부 2019.06.10. https://www.me.go.kr/home/web/board/read.do?pagerOffset=0&maxPageItems=10&maxIndexPages=10&searchKey=title&searchValue=%ED%95%84%EB%A6%AC%ED%95%80%EC%97%90%EC%84%9C+%EB%B0%98%EC%86%A1%EB%90%9C+%EB%B6%88%EB%B2%95&menuId=10525&orgCd=&boardId=995705&boardMasterId=1&boardCategoryId=&decorator=.
- 환경부「폐플라스틱, 수입국 동의 후 국가간 이동…바젤협약 발효」(보도자료), 환경부 2020. 12. 08. https://www.me.go.kr/home/web/board/read.do?pagerOffset=0&maxPageItems=10&maxIndexPages=10&searchKey=title&searchValue=%EC%88%98%EC%9E%85%EA%B5%AD+%EB%8F%99%EC%9D%98+%ED%9B%84+%EA%B5%AD%EA%B0%80%EA%B0%84+%EC%9D%B4%EB%8F%99&menuId=10525&orgCd=&boardId=1416590&boardMasterId=1&boardCategoryId=&decorator=.
- 환경부「종량제봉투에 담긴 생활폐기물 직매립 금지한다」(보도자료), 환경부 2021. 02. 04. https://www.me.go.kr/home/web/board/read.do?pagerOffset=0&maxPageItems=10&maxIndexPages=10&searchKey=title&searchValue=%EC%A2%85%EB%9F%89%EC%A0%9C%EB%B4%89%ED%88%AC%EC%97%90+%EB%8B%B4%EA%B8

%B4&menuId=10525&orgCd=&boardId=1429510&boardMasterId=1&boardCategoryId=&decorator=.

- 환경부 「전국 648개 대형사업장, 전년대비 대기오염물질 26% 감소」(보도자료), 환경부 2021. 10. 11. https://www.me.go.kr/home/web/board/read.do?pagerOffset=0&maxPageItems=10&maxIndexPages=10&searchKey=title&searchValue=%EC%A0%84%EA%B5%AD+648%EA%B0%9C+%EB%8C%80%ED%98%95%EC%82%AC%EC%97%85%EC%9E%A5&menuId=10525&orgCd=&boardId=1480810&boardMasterId=1&boardCategoryId=&decorator=.

- SK에코플랜트 뉴스룸 「플라스틱이라고 다 재활용되는 건 아냐! 숫자로 보는 플라스틱 감별법」, SK에코플랜트 2023. 05. 04. https://news.skecoplant.com/plant-tomorrow/10567/#.

- Balch, O., "Brand Watch: Amazon under Fire for Incinerating Unsold Stock and Dodging ESG Investors." Reuters, June 29, 2021. https://www.reutersevents.com/sustainability/brand-watch-amazon-under-fire-incinerating-unsold-stock-and-dodging-esg-investors.

- "Burberry Burns Bags, Clothes and Perfume Worth Millions." BBC, July 19, 2018. https://www.bbc.com/news/business-44885983.

- Choi, T., "Ship Carrying Waste Arrives Back in Canada from the Philippines." Reuters, June 30, 2019. https://www.reuters.com/article/us-philippines-canada-waste-idUSKCN1TU0TB.

- "France Clamps down on 'Zero Carbon' Advertising to Avoid Greenwashing." RFI, April 16, 2022. https://www.rfi.fr/en/france/20220416-france-clamps-down-on-zero-carbon-advertising-to-avoid-greenwashing.

- Garsten, E., "Alcantara Wins Major Court Battle Against Greenwashing." Forbes, December 8, 2021. https://www.forbes.com/sites/edgarsten/2021/12/08/alcantara-wins-major-court-battle-against-greenwashing/?sh=3cd86e401cb3.

- Huntsdale, J., "Majority of Nespresso Coffee Pods Heading to Landfill as Company Ramps up Recycling Message." ABC News(Australian Broadcasting Corporation), November 16, 2019. https://www.abc.net.au/news/2019-11-16/most-nespresso-coffee-pods-not-being-recycled/11708910.

- IEA, "Global Energy & CO2 Status Report 2019: the Latest Trends in Energy and Emissions in 2018." 2019. https://www.iea.org/reports/global-energy-co2-statusreport-2019.

- International Aluminium Institute(IAI), "Aluminium Sector Greenhouse Gas Pathways to 2050." 2021. https://international-aluminium.org/resource/aluminium-sector-greenhouse-gas-pathways-to-2050-2021/.
- Kwon, J., "South Korea's Plastic Problem Is a Literal Trash Fire." CNN, March 3, 2019. https://edition.cnn.com/2019/03/02/asia/south-korea-trash-ships-intl/index.html.
- "McDonald's Paper Straws Cannot Be Recycled." BBC, August 5, 2019. https://www.bbc.com/news/business-49234054.
- OECD, "Global Plastics Outlook: Economic Drivers, Environmental Impacts and Policy Options." 2022. https://doi.org/10.1787/de747aef-en.
- Tabuchi, H., Corkery, M., Mureithi, C., "Big Oil Is in Trouble. Its Plan: Flood Africa With Plastic." The New York Times, August 30, 2020. https://www.nytimes.com/2020/08/30/climate/oil-kenya-africa-plastics-trade.html
- Wheelan, H., Murray, C., "France Brings in Fines against Greenwashing." Responsible Investor, April 6, 2021. https://www.responsible-investor.com/france-brings-in-fines-against-greenwashing/.

건강한 환경에 살 권리

04 과도한 조명에서 벗어나기

- 관계부처합동 「"편안하게 잠드는 밤 은하수가 보이는 하늘 조성을 위한" 빛공해 방지 종합계획(2019~2023)」, 기획재정부, 행정안전부, 문화체육관광부, 농림축산식품부, 산업통상자원부, 보건복지부, 환경부, 국토교통부 2018.
- 박철홍 「광주 야구장 '빛공해' 조도측정…허용기준 최고 2배 초과(종합)」, 『연합뉴스』 2016. 06. 15. https://www.yna.co.kr/view/AKR20160615066751054.
- 교육부 「산호의 영원한 도우미, 공생미세조류의 생존 전략 찾아내」(보도자료), 교육부 2012.07.03. https://www.moe.go.kr/boardCnts/viewRenew.do?boardID=294&boardSeq=31672&lev=0&searchType=null&statusYN=C&page=1&s=moe&m=020404&opType=N.
- 김주영 「빛공해방지법 곳곳 구멍…피해자 두 번 울린다」, 『YTN』 2017. 07. 14. https://www.ytn.co.kr/_ln/0103_201707140554442952.

- 김충국, 서종호, 조현숙, 김시주, 변종영「야간조명이 참깨와 들깨의 생육 및 수량에 미치는 영향」,『한국농림기상학회지』제4권 제2호, 한국농림기상학회 2002, 80-85면.
- 스미스, 마크,『감각의 역사』, 김상훈 옮김, 수북 2010.
- 크롭베네슈, 아네테,『우리의 밤은 너무 밝다』, 이지윤 옮김, 시공사 2021.
- 안상민「빛공해방지법서 빠진 교회 십자가에 잠 설치는 주민들」,『전기신문』2021. 09. 02. http://www.electimes.com/news/articleView.html?idxno=222193.
- 윤희경, 최태봉, 김부경, 김훈「빛공해 분야의 환경영향평가 지침 표준화 연구」,『환경영향평가』제28권 제1호, 한국환경영향평가학회 2019, 63-70면.
- 이승륜「마을 직격한 골프장 야간 조명, 기장군의회·시의회 팔 걷었다」,『국제신문』 2019. 05. 06. http://www.kookje.co.kr/news2011/asp/newsbody.asp?code=0300&key=20190507.22010002420.
- 「인공조명에 의한 빛공해 방지법 제9조(조명환경관리구역)」.
- 좋은빛정보센터「국내법 및 자치법규」, https://www.goodlight.or.kr/link.do?link=int/law/GihLaw(2023. 04. 13. 검색).
- 좋은빛정보센터「빛공해 종류」, https://www.goodlight.or.kr/link.do;jsessionid=57 1XVoCPy43R6qmxbgZrFGzFlfQj1rqsy4h6jYvdlAqyrWa4g92OOn1mNVu98ebC. KECOGICWAS_servlet_gih?link=int/jus/GihKinds(2023. 04. 13. 검색).
- 좋은빛정보센터「조명환경관리구역 지정 현황」, https://www.goodlight.or.kr/ GihReport.do#(2023. 04. 13. 검색).
- 진유한「옥외 LED 간판 조명 "눈 부셔 운전 방해"」,『제주일보』2016. 01. 11. http:// www.jejunews.com/news/articleView.html?idxno=1979241.
- 한국해양과학기술원「산호는 어떻게 번식을 할까?」, 한국해양과학기술원 2020. 02. 03. https://www.kiost.ac.kr/cop/bbs/BBSMSTR_000000000098/selectBoardArticle. do?nttId=20437.
- 환경부「시선을 끄는 2015년 환경분쟁 5대 사건」(보도자료), 환경부 2015. 12. 31. http://me.go.kr/home/web/board/read.do;jsessionid=Bc47xmtBs5CQsGI9VSSHUREE. mehome1?pagerOffset=3280&maxPageItems=10&maxIndexPages=10&searchKey=&se archValue=&menuId=&orgCd=&boardId=592850&boardMasterId=1&boardCategory Id=&decorator=.
- 환경부「빛 공해와 통풍방해로 인한 농작물 피해 배상 기준 제정」(보도자료), 환경부 2016. 09. 08. http://www.me.go.kr/home/web/board/read.do?boardMasterId=1&boardI d=678170&menuId=286

- Ayalon, I. et al., "Coral Gametogenesis Collapse under Artificial Light Pollution." Current Biology 31, no. 2(2021): 413-419.

- Boyes, D. H. et al., "Is Light Pollution Driving Moth Population Declines? A Review of Causal Mechanisms across the Life Cycle." Insect Conservation and Diversity 14, no, 2(2021): 167-187.

- Boyes, D. H., Evans, D. M., Fox, R., Parsons, M. S., and Pocock, M. J. O., "Street Lighting Has Detrimental Impacts on Local Insect Populations." Science Advances 7, no. 35(2021): eabi8322.

- Cho, Y. et al., "Effects of Artificial Light at Night on Human Health: A Literature Review of Observational and Experimental Studies Applied to Exposure Assessment." Chronobiology International 32, no. 9(2015): 1294-1310.

- Falchi, F. et al., "The New World Atlas of Artificial Night Sky Brightness." Science Advances 2, no. 6(2016): e1600377.

- Koo, Y. S. et al., "Outdoor Artificial Light at Night, Obesity, and Sleep Health: Cross-Sectional Analysis in the KoGES Study." Chronobiology International 33, no. 3(2016): 301-314.

- Light Pollution Map, "World Atlas 2015.", Retrieved April 13, 2023. https://www. lightpollutionmap.info/#zoom=1.58&lat=7.3175&lon=0.0000&state=eyJiYXNlbWFwIj oiTGF5ZXJCaW5nUm9hZCIsIm92ZXJsYXkiOiJ3YV8yMDE1Iiwib3Zlcmxhe WNvbG9yIjpmYWxzZSwib3Zlcmxhe W9wYWNpdHkiOjYwLCJmZWF0dXJlc29wYWNpdHki Ojg1fQ==.

- National Oceanic and Atmospheric Administration Fisheries, "Shallow Coral Reef Habitat." U.S. Department of Commerce, Retrieved April 13, 2023. https://www. fisheries.noaa.gov/national/habitat-conservation/shallow-coral-reef-habitat

- National Ocean Service, "What is Coral Spawning?" National Oceanic and Atmospheric Administration, Retrieved April 13, 2023. https://oceanservice.noaa.gov/facts/coral-spawning.html.

- Pawson, S. M., Bader, M. K. F., "LED Lighting Increases the Ecological Impact of Light Pollution Irrespective of Color Temperature." Ecological Applications 24, no. 7(2014): 1561−1568.

- Pollard, N. E. et al., "Guide on the Limitation of the Effects of Obtrusive Light from Outdoor Lighting Installations, 2nd Edition." CIE 150:2017.

- Van Langevelde, F., van Grunsven, R. H., Veenendaal, E. M., and Fijen, T. P., "Artificial Night Lighting Inhibits Feeding in Moths." Biology Letters 13, no. 3(2017): 20160874.

05 일상의 소음 줄이기

- E-나라지표「자동차 등록 현황」, https://www.index.go.kr/unity/potal/main/EachDtlPageDetail.do;jsessionid=T-Oeb3-jdaLfPaKWUMeotl7cNreep-2ONoGkUPwq.node11?idx_cd=1257 (2023. 04. 27. 검색).
- 강영훈「층간소음에 앙심… 윗집 현관문에 인분 칠한 50대 검거」,『연합뉴스』 2021. 06. 24. https://www.yna.co.kr/view/AKR20210624039600061.
- 국가소음정보시스템「소음이란?」, http://www.noiseinfo.or.kr/inform/noise.do (2023. 04. 26. 검색).
- 김동영「"층간소음에 흉기 난동 사건"…인천경찰청장, 소극적 대응 사과」,『뉴시스』 2021. 11. 18. https://newsis.com/view/?id=NISX20211118_0001656189&cID=10802&pID=14000.
- 김정엽「수년간 층간소음 다툼, 결국 살인까지….」,『조선일보』 2021. 09. 28. https://www.chosun.com/national/2021/09/28/GG3YI7J3E5A6LGPXTHXEGB6Z64/.
- 김혜인「층간소음 이웃 흉기 협박·술집 행패 취객 잇단 구속」,『뉴시스』 2021. 03. 13. https://newsis.com/view/?id=NISX20210313_0001369322&cID=10899&pID=10800.
- 박민기「"뭘 쳐다봐" 70대 무차별 폭행한 20대… 징역 7년 구형」,『뉴시스』 2021. 07. 20. https://mobile.newsis.com/view.html?ar_id=NISX20210720_0001519349#_enliple.
- 박영민 외「층간소음 분쟁 완화를 위한 관리방안 연구」, 한국환경정책·평가연구원 2014.
- 배윤신, 박한나「서울시 도로소음 저감대책 개선방안」, 서울연구원 2017.
- 「소음·진동관리법 시행규칙 제25조(교통소음·진동 관리기준)」.
- 손구민「확성기 소음 대신 '침묵시위'… 서울맹학교 학부모들 "무분별한 집회 그만"」,『서울경제』 2019. 12. 21. https://www.sedaily.com/NewsVIew/1VS5TRZHM8.
- 정지성「아파트 층간소음 지옥에 벽식 대신 기둥식 구조 뜬다」,『매일경제』 2019. 05. 31. https://www.mk.co.kr/news/economy/8837807.
- 조정훈「공동주택 층간소음 관련 이웃 간 분쟁해결 방향에 관한 연구- 영국의 사례를 중심으로-」,『홍익법학』 제21권 제2호, 홍익대학교 법학연구소 2020, 377-420면.
- 「주택건설기준 등에 관한 규정 제9조(소음방지대책의 수립)」.
- 「집회 및 시위에 관한 법률 시행령 제14조(확성기등의 소음기준)」.

- 환경부 「2020년 소음진동 관리시책 시·도별 추진실적」, 환경부 2021.
- 환경부, 한국환경공단 「층간소음 상담 매뉴얼 및 민원 사례집Ⅴ」, 환경부, 한국환경공단 2018.
- 환경부 「소음환경기준」, https://www.me.go.kr/home/web/policy_data/read.do;jsessionid=DE8KhnQuprCxUPsAUjRTylXn.mehome1?pagerOffset=5210&maxPageItems=10&maxIndexPages=10&searchKey=&searchValue=&menuId=92&orgCd=&condition.deleteYn=N&seq=202(2023. 04. 27. 검색).
- 「환경정책기본법 제12조(환경기준의 설정)」
- 환경통계포털 「소음도현황(도로변지역): 낮」, https://stat.me.go.kr/portal/stat/envStatYearbookPage.do.
- 환경통계포털 「소음도현황(도로변지역): 밤」, https://stat.me.go.kr/portal/stat/envStatYearbookPage.do.
- 환경통계포털 「소음도현황(일반지역): 낮」, https://stat.me.go.kr/portal/stat/envStatYearbookPage.do.
- 환경통계포털 「소음도현황(일반지역): 밤」, https://stat.me.go.kr/portal/stat/envStatYearbookPage.do.
- European Environment Agency, "Environmental noise in Europe — 2020", EEA Report, No 22/2019, March 5, 2020.
- WHO Regional Office for Europe, "Environmental Noise Guidelines for the European Region.", WHO Europe, January 30, 2019.

06 방사성 물질 안전하게 관리하기

- E-나라지표 「에너지 수급 현황」, https://www.index.go.kr/unity/potal/main/EachDtlPageDetail.do?idx_cd=2781(2023. 03. 28. 검색).
- E-나라지표 「에너지원별 발전량 현황」, https://www.index.go.kr/unity/potal/main/EachDtlPageDetail.do?idx_cd=1339(2023. 03. 30. 검색).
- Lucander, A. 「핀란드 Olkiluoto 원전의 사용후연료 최종 처분장의 선택과 수용에 있어서 대중의 참여. 방폐물 처분장 및 사용후연료 국제 심포지엄」, 『원자력산업』 제27권 제11호, 한국원자력산업회의 2007, 54-58면.
- OPIS 원전안전운영정보시스템 「등급분류기준 대표사례」, https://opis.kins.re.kr/classification/GradeClassificationStandardExample.do(2023. 03. 30. 검색).
- 국립통일교육원 「핵비확산조약(NPT)」, https://www.uniedu.go.kr/uniedu/home/brd/

bbsatcl/nsrel/view.do?id=16090&mid=SM00000535&limit=10&eqViewYn=true&page=22.

- 김강민 「[데이터 분석] 원전비리 업체 89곳, 한수원에서 2조 원 수주」, 『뉴스타파』 2014. 12. 05. https://newstapa.org/article/LLDqi.
- 김명석 「원자력: 고질라 모델에서 아톰 모델로」, 『한국원자력학회 이슈 및 소통위원회 뉴스레터』 2021. 01. 04. http://kns-cafe.org/?p=566.
- 김명석 「원자력의 이상, 『우주소년 아톰』」, 『한국원자력학회 이슈 및 소통위원회 뉴스레터』 2021. 04. 22. http://kns-cafe.org/?p=1521.
- 김석진 「북한의 제재 회피 실태와 그 경제적 의미」, 통일연구원 2012.
- 김소연 「러시아 공격으로 우크라 '100년 된 원자력 연구소' 일부 파손」, 『한겨레』 2022. 03. 08. https://www.hani.co.kr/arti/international/japan/1034023.html.
- 김화년 「(이슈진단) 세계 석탄 규제 현황과 영향 전망」, 『에너지 포커스』 제16권 제3호, 에너지경제연구원 2017, 29-45면.
- 노지원 「자포리자 원전 또 포격… 40분간 12차례 "핵사고 안 나 다행"」, 『한겨레』 2022. 11. 21. https://www.hani.co.kr/arti/international/europe/1068176.html.
- 수입식품방사능안전정보 「원전사고 이후 대응조치」, https://radsafe.mfds.go.kr/CFQCC02F0(2023. 04. 05 검색).
- 신정훈 「한수원, 고리원전 직원 마약사건 관련 대국민 사과」, 『연합뉴스』 2012. 09. 28. https://www.yna.co.kr/view/AKR20120928088800051.
- 심창섭, 홍지연 「방사능 재해에 따른 환경 및 인체 영향 분석」, 한국환경정책·평가연구원 2011.
- 에너지경제연구원 「국내·외 사고저항성 핵연료 개발 현황」, 『세계 원전 시장 인사이트』 2020. 05. 15.
- 오승훈 「우리는 핵의 자식들이다」, 『한겨레21』 2017. 10. 12. https://h21.hani.co.kr/arti/culture/culture_general/44291.html.
- 외교부 「[편람] 핵 비확산 조약(NPT) 관련 주요 이슈」, 외교부 2007. 10. 10. https://www.mofa.go.kr/www/brd/m_3989/view.do?seq=307178&srchFr=&amp%3BsrchTo=&amp%3BsrchWord=&amp%3BsrchTp=&amp%3Bmulti_itm_seq=0&amp%3Bitm_seq_1=0&amp%3Bitm_seq_2=0&amp%3Bcompany_cd=&amp%3Bcompany_nm=.
- 외교부 「국제원자력기구 IAEA(International Atomic Energy Agency)」, https://www.mofa.go.kr/www/wpge/m_23764/contents.do(2023. 03. 27. 검색).
- 원자력안전정보공개센터 「원자로시설 안전규제 현황」, https://nsic.nssc.go.kr/main.

do(2023. 04. 05 검색).

- 원자력재료종합정보시스템「원자력 시스템과 재료」, 한국원자력연구원 2015. 07. 19. https://mdportal.kaeri.re.kr/posts/d20150011.
- 윤지윤「체르노빌 원전 냉각시설에 전력 공급 재개」,『MBC 뉴스』2022. 03. 11. https://imnews.imbc.com/news/2022/world/article/6349109_35680.html.
- 이승준「원전대책 발표날 사고나자… 한수원 '고리원전 고장' 덮어,『한겨레』2012. 03. 14. https://www.hani.co.kr/arti/society/society_general/523573.html.
- 이영재「1950년대 미국과 일본의 괴수영화와 핵—지구, 블록, 국가의 착종—」,『사이間SAI』통권 25호, 국제한국문학문화협회 2018, 47-81면.
- 장구슬「러시아軍 체르노빌 점령… "이런 무차별 공격, 유럽도 위험"」,『중앙일보』 2022. 02. 25. https://www.joongang.co.kr/article/25051067#home.
- 전풍일「IAEA 평화를 위한 원자력 50년」,『과학과 기술』제40권 제9호, 한국과학기술단체총연합회 2007, 26-28면.
- 정세영「EU택소노미 최종안 주요 쟁점은…고준위 방폐장·사고저항성 핵연료」,『전기신문』2022. 02. 07. https://www.electimes.com/news/articleView.html?idxno=228650.
- 조동준「핵확산의 추세 vs. 비확산의 방책」,『한국과 국제정치』제27권 제1호, 경남대학교 극동문제연구소 2011, 47-81면.
- 최종민, 윤순진「후쿠시마 원전사고에 내재한 원자력 안전 신화와 조직화된 무책임」,『한국사회학연구 ECO』제21권 제2호, 한국환경사회학회 2017, 141-179면.
- 통계개발원「한국의 SDGs 이행보고서 2022」, 통계청 2022.
- 퍼거슨, 찰스 D.『원자력 재난을 막아라』, 주홍렬 옮김, 생각의 힘 2014.
- 한국수력원자력 안전처「고리1호기 소내정전(SBO) 사건관련 IAEA 전문가 안전점검 보고서」, 한국수력원자력 2012.
- 한국에너지공단「에너지 첫걸음」, 한국에너지공단 2020.
- 한국에너지공단「에너지 첫걸음」, 한국에너지공단 2022.
- 한국원자력연구원「방사성 붕괴와 반감기」, https://www.kaeri.re.kr/board?menuId=MENU00456&siteId=null.
- 한국원자력학회 후쿠시마위원회「후쿠시마 원전 사고분석: 사고 내용, 결과, 원인 및 교훈」, 한국원자력학회 2013.
- 함충범「핵무기의 기술 표상과 시대적 함의: 1950년대 전반기 일본영화를 통해」,『영화연구』제80호, 한국영화학회 2019, 121-154면.
- bp, "Statistical Review of World Energy 2021 | 70st Edition." bp, 2021.

- IAEA, "Power Reactor Information System – In Operation & Suspended Operation." IAEA, Retrieved August 31, 2022. https://pris.iaea.org/PRIS/WorldStatistics/OperationalReactorsByCountry.aspx.
- IAEA, "Power Reactor Information System – Permanent Shutdown." IAEA, Retrieved August 31, 2022. https://pris.iaea.org/PRIS/WorldStatistics/ShutdownReactorsByCountry.aspx.
- IAEA, "Power Reactor Information System – Under Construction." IAEA, Retrieved August 31, 2022. https://pris.iaea.org/PRIS/WorldStatistics/UnderConstructionReactorsByCountry.aspx.
- IEA, "Statistics Report: Key World Energy Statistics 2021.", IEA, 2021.
- UN, "Treaty on the Non-Proliferation of Nuclear Weapons(NPT)." UN, Retrieved March 27, 2023. https://www.un.org/disarmament/wmd/nuclear/npt/.
- Zhou, Y., Zhang, J., Hu, S., "Regression Analysis and Driving Force Model Building of CO2 Emissions in China.", Scientific Reports 11(2021): 6715. https://doi.org/10.1038/s41598-021-86183-5.

지속가능한 환경에 살 권리

07 동물과 상생하며 살기

- 감사원 「가축매몰지 주변 오염 관리 실태」, 환경부 2015. http://me.go.kr/home/web/board/read.do?pagerOffset=90&maxPageItems=10&maxIndexPages=10&searchKey=&searchValue=&menuId=10283&orgCd=&boardId=592490&boardMasterId=633&boardCategoryId=&decorator=.
- 강한들 「90도 낙마 장면 찍기 위해… KBS '태종 이방원' 말 죽였다」, 『경향신문』 2022. 01. 20. https://www.khan.co.kr/national/national-general/article/202201201802001.
- 국가인권위원회 「국가인권위원회 공보 제16권 제6호」, 국가인권위원회 2018. https://www.humanrights.go.kr/base/board/read?boardManagementNo=117&boardNo=7603658&searchCategory=&page=3&searchType=&searchWord=&menuLevel=3&menuNo=112.
- 국가인권위원회 「가축 살처분 참여자 76% 이상 후 스트레스 장애 우려」(보도자료), 국가인권위원회 2019. 01. 04. https://www.humanrights.go.kr/site/program/board/

basicboard/view?&boardtypeid=24&menuid=001004002001&boardid=7603670.

- 국립수의과학검역원「2006년 1/4분기 가축전염병 중앙예찰협의회 자료」, 국립수의과 학검역원 2006. https://www.qia.go.kr/viewwebQiaCom.do?id=8373&type=2_3fyxx

- 김정호「제돌이 방류 1년, 인간의 오만함 깨우쳤다!」,『제주의 소리』2014. 07. 14. http://www.jejusori.net/news/articleView.html?idxno=149347.

- 김지숙「이병천이 복제한 개 61마리는 어디 있을까」,『한겨레』2019. 04. 28. https:// www.hani.co.kr/arti/animalpeople/human_animal/891785.html

- 농림축산검역본부「(2016년~2017년)고병원성 조류인플루엔자 역학조사분석보고서」, 농림축산식품부 2018.

- 농림축산검역본부「2022년 하반기 가축전염병 중앙예찰협의회 자료」, 농림축산검역 본부 2022.

- 농림축산식품부「2019년 실험동물 보호·복지 관련 실태 조사 결과」(보도자료), 농림축 산식품부 2020. 06. 15.

- 대한무역투자진흥공사「네덜란드 살충제 달걀 파동 분석」, 한국농촌경제연구원 2017. https://www.krei.re.kr/wldagr/selectBbsNttView.do?key=162&bbsNo=66&nttNo=4567 6&searchCtgry=&searchCnd=all&searchKrwd=&pageIndex=34&integrDeptCode=.

- 「동물보호법 제23조(동물실험의 원칙)」.

- 동물실험윤리위원회「2021년도 동물실험윤리위원회 운영실적 및 실험동물 사용실 태」, 동물실험윤리위원회 2022. https://www.animal.go.kr/aec/community/show.do?bo ardId=boardID03&page=1&pageSize=10&keyword=&column=&menuNo=3000000016 &seq=100637

- 박정완「기자수첩 - 광범위한 예방적 살처분' 최선책인가?」,『월간 닭고기』제20권 제 5호, 한국계육협회 2014, 72-73면.

- 변진경「기형아 1만명, 무시무시한 재앙이 남긴 교훈」,『시사IN』2021. 10. 17. https://www.sisain.co.kr/news/articleView.html?idxno=14436.

- 식품안전나라「달걀농장정보(산란계)」, 식품의약품안전처, https://www.foodsafetykorea. go.kr/portal/fooddanger/farmInfoSearch.do(2023. 03. 20. 검색).

- 우병준, 김현중, 박성진, 서강철「[연구보고 R864] 축산업의 사회적 책임 이행 실태와 정책과제」, 한국농촌경제연구원 2018.

- 우창수「참사랑농장 "살처분 철회 수용 안해"」,『익산열린신문』2018. 05. 15. http:// www.iksanopennews.com/news/articleView.html?idxno=473830.

- 이도연「머스크의 뉴럴링크, 동물실험서 1천500마리 떼죽음⋯ 美정부 조사」,『연합뉴

스』2022. 12. 06. https://www.yna.co.kr/view/AKR20221206058900009.

- 이민준「[돋보기] 예술은 동물의 생명을 어떻게 대해야 하는가」,『포인트경제』2022. 07. 28. https://www.pointe.co.kr/news/articleView.html?idxno=4820.
- 최유경「[단독] 아사 위기·생식기 이상·코피까지⋯서울대 복제견에 무슨 일이?」,『KBS 뉴스』2019. 04. 15. https://news.kbs.co.kr/news/view.do?ncd=4180457.
- 한국농수산식품유통공사 KAMIS 농산물 유통정보「축산물 소매가격(축평원)」, https://www.kamis.or.kr/customer/price/livestockRetail/old/item.do(2023. 03. 20. 검색).
- 한국리서치「여론 속의 여輿론論 제178-1호(기획: 동물권 인식조사 – 동물권에 대한 이중적인 인식)」, 한국리서치 2022.
- 헉슬리, 올더스『멋진 신세계』, 안정효 옮김, 소담출판사 2015.
- 행정안전부「'17년 12월 재난안전 상황분석 결과 및 중점관리 대상 재난안전사고」, 행 정안전부 2017. https://www.mois.go.kr/frt/bbs/type001/commonSelectBoardArticle.do? bbsId=BBSMSTR_000000000336&nttId=60812.

08 지구의 온도 낮추기

- 관계부처합동「2019년 이상기후보고서」, 기상청 2020.
- 국가기상위성센터 위성분석과「2020년 북극해빙 분석보고서」, 기상청 2020.
- 기상청 기후변화감시과「지구온난화 1.5℃ 특별보고서 해설서」, 기상청 2020.
- 기상청 기후정책과「지구온난화 1.5도 특별보고서 SPM 주요내용」, 기상청 2018.
- 기후변화리스크연구단「2020 폭염영향 보고서」, 한국환경연구원 2020.
- 김성원「기후변화와 안보의 상관관계에 관한 일고찰- 기후변화에 대한 UN안전보장 이사회 역할에 주목하며 -」,『원광법학』제32권 제2호, 원광대학교 법학연구소 2016, 9-38면.
- 농림축산식품부「연도별 양곡 자급률(~2021년 양곡년도)」, 농림축산식품부 2023. https://www.mafra.go.kr/home/5248/subview.do?enc=Zm5jdDF8QEB8JTJGYmJzJTJG aG9tZSUyRjc5NSUyRjU2NTEzMSUyRmFydGNsVmlldy5kbyUzRg%3D%3D.
- 도봉구「도봉구, 2050 탄소중립 위한 기후변화대책위원회 발족」(보도자료), 도봉구 2021. 10. 15. https://www.dobong.go.kr/bbs.asp?bmode=D&pcode=12701328&intPage =3&strSearchType=1&strSearchKeyword=%ED%83%84%EC%86%8C%EC%A4%91 %EB%A6%BD&code=10008782.
- 문진영, 이성희「2021년 유엔기후변화협약 당사국총회(COP26) 논의 및 시사점」,『오 늘의 세계경제』제21권 제21호, KIEP대외경제정책연구원 2021, 1-17면

- 바다누리 해양정보서비스「관측자료 기반 과거 해수면 변동」, http://www.khoa.go.kr/oceangrid/gis/category/observe/observeSearch.do?type=EYS#none(2022. 06. 09. 검색).
- 벨처, 하랄트『기후전쟁: 기후변화가 불러온 사회문화적 결과들』, 윤종석 옮김, 영림카디널 2010.
- 「서울특별시 도봉구 탄소중립·녹색성장 기본 조례」.
- 「아기 기후 소송단: '왜 어른들은 아이들에게 돈 빌리고 안 돌려주나요?'」, 『BBC NEWS 코리아』 2022. 06. 24. https://www.bbc.com/korean/features-61921643.
- 온실가스종합정보센터「2020년 국가 온실가스 인벤토리(1990-2018) 공표」, 환경부 2020. https://www.gir.go.kr/home/board/read.do?pagerOffset=0&maxPageItems=10&maxIndexPages=10&searchKey=title&searchValue=2018&menuId=36&boardId=51&boardMasterId=2&boardCategoryId=
- 외교부「[UN일반] 수단 다르푸르사태 개요」, 외교부 2007. https://www.mofa.go.kr/www/brd/m_3874/view.do?seq=305882&srchFr=&srchTo=&srchWord=&srchTp=&multi_itm_seq=0&itm_seq_1=0&itm_seq_2=0&company_cd=&company_nm=&page=40
- 외교부「상향된 '2030 국가 온실가스 감축목표(NDC)' 유엔기후변화협약 사무국 제출」(보도자료), 외교부 2021. 12. 23. https://www.mofa.go.kr/www/brd/m_4080/view.do?seq=371966.
- 「제주가뭄 극심…격일제 제한급수, 농작물 피해도」, 『연합뉴스TV』 2017. 08. 07. https://www.yonhapnewstv.co.kr/news/MYH20170807020000038.
- 조천호『파란하늘 빨간지구』, 동아시아 2019.
- 토마스, 멀린, 베네마, 바이브케「사우디 사막에 건설 중인 친환경 미래 도시, 누구를 위한 도시인가?」, 『BBC NEWS 코리아』 2022. 02. 23. https://www.bbc.com/korean/features-60488894.
- 통계개발원「한국의 SDGs 이행보고서 2022」, 통계청 2022.
- 화성시「2022 화성형 탄소중립 계획」, 화성시 2022. https://www.hscity.go.kr/www/user/bbs/BD_selectBbs.do?q_bbsCode=1019&q_bbscttSn=20220411150754335.
- 환경부, 한국수자원공사「2022 세계 물의 날 자료집: 물과 미래」, 환경부, 한국수자원공사 2022.
- 환경부「국가 온실가스 감축, 2020년 로드맵 마련」(보도자료), 환경부 2014. 01. 28. http://www.me.go.kr/home/web/board/read.do?pagerOffset=30&maxPageItems=10&maxIndexPages=10&searchKey=&searchValue=&menuId=286&orgCd=&boardId=339265&boardMasterId=1&boardCategoryId=&decorator.

- 환경부 「대한민국 모든 지방정부, 2050 탄소중립 선언」(보도자료) 환경부 2021. 05. 23. https://www.me.go.kr/home/web/board/read.do?menuId=10525&boardMasterId=1&boardCategoryId=39&boardId=1454010.

- 환경부 「제28차 유엔기후변화협약 당사국총회 폐막」(공동 보도자료), 환경부 2023. 12. 13. https://me.go.kr/home/web/board/read.do?boardMasterId=1&boardId=1644320&menuId=10525.

- Abidin, H.Z., Andreas, H., Gumilar, I. et al., "Land subsidence of Jakarta (Indonesia) and Its Relation with Urban Development." Natural Hazards 59(2011): 1753-1771.

- "About Small Island Developing States." UN, Retrieved March 24, 2023. https://www.un.org/ohrlls/content/about-small-island-developing-states.

- Bott, L.-M., Schöne, T., Illigner, J., Haghighi, M. H., Gisevius, K., Braun, B., "Land Subsidence in Jakarta and Semarang Bay The Relationship between Physical Processes, Risk Perception, and Household Adaptation." Ocean&Coastal Management 211(2021): 105775. https://doi.org/10.1016/j.ocecoaman.2021.105775.

- Esteban, M. et al., "Adaptation to Sea Level Rise: Learning from Present Examples of Land Subsidence." Ocean&Coastal Management 189(2020): 104852. https://doi.org/10.1016/j.ocecoaman.2019.104852.

- Jayawardena, A. W., "Fluid Mechanics, Hydraulics, Hydrology and Water Resources for Civil Engineers." CRC Press, 2021.

- "List of SIDS." UN, Retrieved March 24, 2023. https://www.un.org/ohrlls/content/list-sids.

- Mannan, E., Alhaj, M., Mabrouk, A. N., Al-Ghamdi, S. G., "Examining the life-cycle environmental impacts of desalination: A case study in the State of Qatar." Desalination 452(2019): 238-246.

- Setzer, J., Higham, D., "Global Trends in Climate Change Litigation: 2021 Snapshot. Grantham Research Institute on Climate Change and the Environment." LSE, 2021.

- Peter Jackson, "From Stockholm to Kyoto: A Brief History of Climate Change." UN Chronicle 44, no. 2(2007). https://www.un.org/en/chronicle/article/stockholm-kyoto-brief-history-climate-change.

- WMO, "State of the Global Climate 2020." WMO-No.1264, 2021.

- WMO, "State of the Global Climate 2021." WMO-No.1290, 2022.

이미지 출처

14면   Cacio Murilo(shutterstock.com)

27면   대구 소방 안전 본부

38면   Sanga Park(shutterstock.com)

55면   Amit kg, Dhan Pal Singh(shutterstock.com)

64면   John Cameron(shutterstock.com)

78면   럭스티비(youtube.com/@creatorDK)

94면   Chantal de Bruijne(shutterstock.com)

107면   Fred Bavendam/Minden Pictures(mindenpictures.com)

115면   light pollution map(lightpollutionmap.info)

116면   Rashchektayev(shutterstock.com)

120면   Marcelo Cidrack(shutterstock.com)

144면   engel.ac(shutterstock.com)

176면   Richard Peterson(shutterstock.com)

202면   Volodymyr Krasyuk(shutterstock.com)

204면   Aleh Alisevich(shutterstock.com)

223면   NEOM(neom.com)